成电法学文丛

教育部人文社科青年基金项目“通过程序回应民意：
刑事司法回应民意的程序机制研究”
（批准号：10YJC820124）最终成果

电子科技大学中央高校基本业务费基础研究项目“刑
事诉讼的社会参与”
（批准号：ZYGX2015J170）最终成果

电子科技大学哲学社会科学繁荣计划项目
（ZYGX2016STK02）资助成果

肖仕卫——著

刑案民意的诉讼内表达与回应研究

法律出版社 LAW PRESS · CHINA

序

改革开放四十年来,伴随着经济建设取得巨大成就,中国社会经历了前所未有的变迁,价值观念、利益诉求日益多元,各种矛盾日益突出,各类民意汹涌激荡,给国家与社会治理带来巨大挑战。在刑事司法领域,前述诸种矛盾尤为明显,相关民意更为多样和尖锐,给司法机关带来的挑战亦更为具体和难以驾驭。

刑事司法应当如何应对民意?学术界和实务界围绕这一问题展开了诸多讨论并提出了不错的方案。但从效果来看,一些方案又似乎未尽如人意。何以如此?从程序法的角度来看,我以为乃是因为某些方案多属外部的、应激性的方案,尚缺少一种诉讼内的、程序性的制度化视角,以致没有很好地构建一套开放且规范的程序系统,进而没有发挥这一程序系统在现代社会对多元价值、利益和意见的化简、吸纳和回应作用。

肖仕卫博士的这部名为《刑案民意的诉讼内表达与回应研究》则不同,其正是从一种诉讼内的程序视角研究了刑案民意的表达与回应问题。全书分为三部分:刑案民意诉讼内表达与回应的基础理论、刑案民意的诉讼内表达和刑案民意的诉讼内回应。总的来看,正如作者所言,其试图构建一种诉讼内的认知开放与规范封闭模式来解决多年来一直存在的民意难题。在我看来,作者努力的方向是值得关注的,相关的理论框架和具体建议也都具有相当的学术价值。

当然,该书也存在一些不足。从实证的角度来看,该书赖以为基的材料显得比较单薄,数据分析细致度还不够,某些观点也还需要进一步推敲和论证。相信肖仕卫博士会在今后的研究中不断完善精进。

是为序。

左卫民

2018 年 3 月于四川大学法学院

目　录

第一部分　刑案民意诉讼内表达与回应的基础理论

第一章　在事实与规范之间
——刑案民意应否得到回应的理论分析　3
一、民意概念的界定　3
二、刑案民意的价值　6
三、刑案民意回应的理论基础　11
四、刑案民意在裁判中的应有地位　16

第二章　刑案民意如何回应:侧重于程序进路的初步分析　20
一、刑案民意回应的三种途径　20
二、程序尤其是诉讼程序在刑案民意回应中的地位　25
三、通过程序尤其是诉讼程序回应刑案民意的限度　32

第三章　刑案民意回应的现状及其存在的问题
——以法院民意回应为重心　36

一、问题、方法与材料　36

二、刑案民意的特点及其对刑事司法的挑战　43

三、实践中法院回应刑案民意的三种模式　53

四、刑案民意回应的现实司法困境　60

五、余论　68

第四章　问题如何解决
——刑案民意诉讼内表达与回应的一个理论框架　70

一、中国法院回应民意效果为何不佳：诉讼内民意表达和回应存在的问题　70

二、法治发达国家法院为何不存在明显的民意困境：一些诉讼程序技术的功用　76

三、认知开放与运作封闭：刑案民意诉讼内表达与回应的一个基本框架　85

四、结语　91

第二部分　刑案民意的诉讼内表达

第五章　刑事诉讼内当事人亲属利益表达与保护机制研究　95

一、被告人、被害人亲属利益表达与保护的理论基础　96

二、我国被告人、被害人亲属利益表达与保护的立法现状与存在的问题　100

三、被告人、被害人亲属利益表达与保护制度之完善　107

第六章 刑事诉讼内社会参与机制研究 116
一、社会参与刑事诉讼的理论基础 117
二、我国社会参与刑事诉讼的立法现状 119
三、我国社会参与刑事诉讼的制度特点及存在的问题 125
四、我国刑事诉讼社会参与机制的完善 131

第七章 刑事案件媒体表达的自由与限度 139
一、媒体报道刑案的两种类型:两个案例的展示 139
二、媒体报道对刑事司法的影响 146
三、媒体报道的强势影响何以可能:基于动力机制与制度空间的分析 151
四、刑事诉讼过程中媒体报道的规制 157

第三部分 刑案民意的诉讼内回应

第八章 通过审判权力的优化配置回应民意 169
一、审判权力配置与法院回应民意的关系 169
二、中国审判权力的配置及其对民意的考量 173
三、中国审判权配置在民意回应上存在的不足 178
四、民意回应视角下中国审判权力配置的系统优化 182

第九章 通过陪审制度的改革回应民意 189
一、陪审制度与刑案民意回应的联系 189
二、通过陪审制度回应刑案民意的制度条件 193
三、中国陪审制度在刑案民意回应上的核心制度问题 198
四、刑案民意回应角度下中国陪审制度的改革 203

第十章　通过司法技术的应用回应民意　209
一、通过司法技术回应刑案民意的必要性与可行性　209
二、通过司法技术回应刑案民意的方式　215
三、通过司法技术回应刑案民意的条件及其制度保障　222

第一部分

刑案民意诉讼内表达与回应的基础理论

CHAPTER 01 >>

第一章

在事实与规范之间

——刑案民意应否得到回应的理论分析

近十年来,民意成为不少刑事案件处理无法避开的关键词,围绕这一关键词的论述亦相当丰富。但是,对于刑事案件中民意的内涵、民意的价值、民意回应的理论基础、民意的应有地位等基础问题,学界并未完全厘清。有鉴于此,有必要对此进行专门的讨论。

一、民意概念的界定

对于民意这一概念的界定,学界存在多种观点,且并非均用"民意"一词,界定角度也有相当大的区别。其中,有代表性的观点主要有如下几种:

一是顾培东教授的观点,其未用"民意"一词,而用的是公众判意,但所指实为一物。在顾教授那里,公众判意是指社会公众对于司法个案处置的主流性、主导性意见和意向。其所指的“公众”，包含了司法机构以外、与案件事实无直接关联而以多种形式和渠道表达意见与意向的各种主体；而所谓的“判意”，则是指在纷纭杂陈的公众认识中，居于主流、主导地位的意见与意向。[1]

二是卜晓颖的观点，其认为民意体现的是公民对社会及社会事务的一种评价，是一种公众参与社会生活所形成的公众意见与建议。因此，顾名思义，司法民意即指民众通过各种途径对司法领域里的法律问题进行的法律是非和价值判断，反映的是民众对其所关心法律问题的诉求。[2]

三是周永坤教授的观点，其将“立法民意”和“大众民意”区别对待，认为二者是两个不同的事物，其中“立法民意”是人民的意志，相当于卢梭的“公意”，其适当表现形式只能是法律；“大众民意”是一种意见，它只是一种态度，相当于卢梭的“众意”，是指人们针对某个特定的论题的意见、观点、态度和看法中占主导地位的意见，但这种意见并非必须是大多数人的意见。[3]

四是仇慎奇的观点，其在区别文本中的法律和生活中的法律的基础上，将民意与“活法”等同，认为“法律条文中的民意，都是固定下来的民意，是过去的民意，‘前人’、‘古人’的民意，因此，也可以说是人们的一种‘遗意’，是僵死的民意。而现实生活中活生生的民意才是具有最强大生命力的民意，也才最符合现实生活的实践，最适用于解决现实生活中的各种问题”。[4]

---

[1] 顾培东：《公众判意的法理分析》，载《中国法学》2008年第4期。

[2] 卜晓颖：《司法民意与法官的职业化思维》，载《南昌大学学报》（人文社会科学版）2011年第5期。

[3] 周永坤：《民意审判与审判元规则》，载《法学》2009年第8期。

[4] 仇慎奇：《“案结事了”的二元论认识》，载《人民法院报》2009年4月8日。

当然，除了上述观点之外，还存在一些其他观点，但基本可以纳入前述观点之内，因此这里不再赘述。应当说，前述对于民意概念的界定各有其角度，均有合理之处，但不可否认也存在几个共性的问题：其一，民意是否只能通过公众表达，学者们尚未认真思考；其二，民意是否一定是主流意见，学者们缺乏共识；其三，民意和立法之间究竟是何关系，学界存在争论。笔者认为，这几个问题必须妥善解决，否则讨论民意是否应当回应以及如何回应都将失去基础和前提。

“法学研究中的几乎所有问题，在一定程度上都是研究方法问题”，[1]或者研究视角问题。据此，笔者经由对民意概念相关观点的再度审视，发现既有界定在视角上均有如下相互关联的两个特点：一是静态的结果的视角，即将民意视为固定的已经成形之物，因此特别在意民意是否为多数人的意见。二是主体锚定，即几乎都将民意视为与案件不存在直接利害关系的个人或组织表达出来的意见或倾向，而将当事人和政法机关等存在直接利害关系者表达的意见排除在外。然而，事实上，一方面，民意完全可能是动态的和过程性的，比如某种意见最初也许是少数意见，但随着时间和情势的变化而成为多数意见，民意的萌芽、发展和成熟都属于民意的重要组成部分；另一方面，在民意的表达主体上，民意不仅可以由公众表达，也可以由当事人表达，甚至还可以由政法机关调查获得。

在相当程度上，可以说正是因为上述视角上的故步自封与罔顾事实，造成了民意概念界定的混乱和争论不休。因此要解决民意界定的难题，就有必要转换视角，从全新的角度审视民意。在笔

---

〔1〕 陈瑞华：《程序性制裁理论》，中国法制出版社2005年版，第1页。

者看来,这就要求摒弃主体锚定的偏见,并从动态的过程的视角审视民意和界定民意。笔者据此给刑案民意所下定义为:民意是可能得到公众普遍认可的针对刑事个案处理的倾向性意见。在这一界定中需要强调以下几点:

(1)这一概念强调的是一种可能性,因此并不保证相关的倾向性意见一定就是公众普遍认可的民意,甚至即便短期内获得了认可,也不保证其未来不会发生变化,因此这里的民意在某种程度上是绝对意义上的动态的和处于过程之中的;但是,当法律或司法以法定的形式确认了其公众普遍认可的内容时,其将获得相对的权威性和稳定性。

(2)这里的"倾向性意见"的表达主体可以是多元的,有无利害关系不构成民意表达的障碍,因此当事人、当事人家属、政法机关都可以成为意见表达和民意的来源。

(3)这里的"得到公众普遍认可"有层次之分,最高层次为立法所需要,即民意应当达到法律规定的普遍认可程度,并通过法律程序体现出来;较低层次为司法所必备,即民意只需要达到法官基于法律精神和良知认为民意达到普遍认可的程度即可,当然不同的法院级别对这种普遍认可的程度要求又会有所不同,比如最高人民法院和基层人民法院的要求自然差异会很大。

二、刑案民意的价值

对于刑案民意,当前学界质疑、担忧之声较多,而对其价值发掘不够。必须承认,很多时候"群众的眼睛是雪亮的",刑案民意无论对于个案处理还是权利救济、权力制约均有其独特的积极意义。不仅如此,一些刑案民意本身也有其正当性,其内在的正当性价值也不容忽视。

1. 刑案民意的外在功用价值

刑案民意回应的现实价值基础在于其有用性。这里的有用性，既包括对个案处理的积极作用，也包括制度性的权利救济和权力监督影响。

首先，刑案民意对于个案处理有着重要的积极作用。这主要是因为社会公众对某些个案的看法具有独到之处，能够在一定程度上消减和缓解法官裁量的某些不足。〔1〕其一，无论立法规定如何详尽，也无论司法经验如何丰富，都难以对应社会生活的复杂性和社会事实的多样性。社会公众在认知诸如"犯罪情节"等问题时所参照的因素，比立法规定及司法的视点往往更为全面。较之简单依照法律所作出的判断，社会公众的某些直觉或印象或许更为准确，因为后者具有深厚的生活经验的积累。其二，对于法律规定的酌定事由，在广泛讨论基础上形成的意见往往比特定司法机构的认识与判断更为可靠。司法行为的正当性和合理性，是制度和学理上的一种假设与假说。实际上，即便不是故意的舞弊，司法行为的背后也潜隐着很多非理性的内容。卡多佐曾深刻地揭示过法官作出判断的真实过程："他们将根据自己的生活经验，根据他们对现行的正义和道德准则的理解，根据他对社会科学的研究，最后，有时还要根据他的直觉、他的猜测甚至他的无知或偏见去作出这种评估。"〔2〕相比之下，民意尤其是后期的民意由于一般经历过广泛而充分的讨论，集中了众多人的智慧与认识，因而比个别司法

〔1〕 参见顾培东：《公众判意的法理解析——对许霆案的延伸思考》，载《中国法学》2008年第4期。

〔2〕 参见[美]本杰明·卡多佐：《法律的生长》，刘培峰、刘骁军译，贵州人民出版社2002年版，第48页。

机构、少数司法人员的判断有更可信赖的一面。其三，社会公众重视一些不为立法所承认，而依公正要求却应予采纳的情理或事理，公众的“酌定”更符合生活逻辑，也更富有人性化色彩。例如，在廖婷婷案中，被害人作为精神病人，其生命价值在法律上与健康的正常人完全相同，受到同样的法律保护。剥夺精神病人的生命权与剥夺健康人的生命权在法律上应受到的制裁没有任何差异。但从情理或事理来看，杀死一个长期患病、生不如死且依其病情及家庭经济条件无望康复的精神病人，其社会危害性比杀死一个健康的正常人显然要小。不仅如此，廖婷婷杀人的动机中既有自己不堪其累的原因，更有对其父母甚至被害人的善意性考虑。这些在立法上不足为虑的因素，正是公众吁求对廖婷婷从轻处罚的重要理由。毫无疑问，对类似廖婷婷案的处理，仅仅守持法理，而忽略案件中的情理和事理是难以体现法律之公正的。

其次，刑案民意对于权利救济有着补充性作用。从近年来发生的诸多案例来看，民意已经成为一个非正式的救济手段。一方面，不仅如一些判决实质性地赋予了民意以救济效力，而且最高司法机关也在事实上已经部分承认了民意以及饱含民意的媒体的话语权。例如，最高人民法院已经明确要求法院系统关注、收集网络、媒体的相关报道，并“健全和创新民意转化（为决策的）机制”，〔1〕最高人民法院院长周强也强调要“让审判与舆论良性互动”。〔2〕另一方面，也是更为重要的是，大量案件的利益相关者已

〔1〕 最高人民法院印发的《关于进一步加强民意沟通工作的意见》（法发〔2009〕20号）。

〔2〕 周强：《法院健全民意沟通机制　自觉接受舆论监督》，载 http://news.china.com.cn/2014lianghui/2014-03/10/content_31736924.htm，最后访问日期：2015年12月11日。

经将民意和民意报道作为自己获取救济的重要乃至最佳途径。许多人认为找律师不如找记者,[1]中央电视台著名的曝光节目《焦点访谈》甚至被称为"焦青天";[2]与之相应,来信来访已经成为媒体司法报道的重要来源,曝光、申冤的信息更是挤满了各大网站的论坛空间,充斥于微博、微信之中,[3]其目的亦在于希望通过媒体扩大影响引发舆论关注。可以说,民意已经成为案件利益相关者寻求救济的重要工具,只是有时其是作为辅助性救济工具出现的,有时候则成了利益相关者寻求正式司法救济失败后的最后希望。

最后,刑案民意对于制约地方权力有着重要作用。如果说权利救济是从结果层面体现了民意的制度性影响的话,那么对地方权力的制约则主要从过程层面着眼的。一方面,由于民意的存在,包括民众的怀疑、担忧和愤怒,使处理相关案件的政法机关无论在信息公开程度上还是权力行使的掌控上,都更加谨慎和符合法律规定的形式要件,潜在的司法腐败由此基本难以发生;另一方面,某些民意甚至还可能产生"牵一发而动全身"的效果,民意对个案的关注,很可能迅速造成系统性波及,进而引发地方权力场域内部的运动化整顿。例如,在邓玉娇案中,民意更是始终担心被告人因地方权力影响而受到不公正处置,这些担忧大大增加了地方权力行使的压力,不仅迫使司法过程更加透明,也使党政权力不敢越权

---

〔1〕 参见 http://zhidao. baidu. com/link? url = Xg4VaNOV6AfG4gXOw - wQgfxBf4UehPQc2r - fAZiyfVxG6abSbtVBrs50pgfck7g - 2I9816UZGY6gDgYTEgHTy_,最后访问日期:2015 年 12 月 11 日。

〔2〕 徐迅:《中国媒体与司法关系现况评析》,载《法学研究》2001 年第 6 期。

〔3〕 这类寻求救济的微博、帖子充斥于新浪、搜狐、腾讯等各大门户网站以及 QQ、微信信息之中。

干预司法裁判。邓案发生后,案发地巴东县公安机关在案发两周之内四次主动通报案情,一次接受媒体采访。不仅如此,在邓案中,民意还引起了超出案件之外的效果,如邓案中与邓贵大一起的黄德智被"开除共产党党籍"并撤销职务,邓中佳则被解除岗位合同;同时,巴东县所属的恩施州下发通知要求坚决打击娱乐场所的各类违法犯罪活动,严肃查处违纪违法公职人员。其实,几乎所有的民意以及围绕民意的司法报道都有着类似作用,尤其在关于官民矛盾、权贵与平民冲突、官员腐败滥权案件的报道中,这种权力制约作用更为明显。只是有的民意仅仅针对案件本身,有的则将影响的范围延伸至整个地方权力体系。

2. 刑案民意的内在正当价值

从实用主义的角度来看,刑案民意具有诸多好处,但是任何事物都不能仅仅基于这种现实性的功利功能,还必须具有一种最起码的内在的伦理正当性,否则就可能沦为一种"魔鬼盛宴",毫无正当性可言。[1] 笔者认为,刑案民意的内在正当价值,至少表现在如下两个方面:

一方面,针对案件事实的民意存在一定的真理性内容。所谓"真理越辩越明",由于民意往往不是一日形成,也非一言堂,而是社会众多主体反复论辩和沉淀的结果,其中确实存在一些真知灼见。例如,在对"躲猫猫""喝开水死"等案件的民意批评中,民众的认知即具有常识上的真理性内容;再如,在黄静案中,一些网友的论辩也不乏真理性知识的成分。

另一方面,从民意诉求的内容来看,其所内含的不只是公众对于个案恰当处置的愿望,还承载着公众从个案中引申出的其他社

〔1〕 陈瑞华:《司法过程中的对抗与合作》,载《法学研究》2007年第3期。

会要求，虽然受制于群体、阶层等因素，但总体上说，民意中的这些要求是有一定正当性的。从实践来看，公众所支持或付以同情的，往往是社会发展过程中支持不力或顾及不充分的因素；而公众所厌恶或给予否定评价的，则通常是社会发展中需要矫正和消除的负面事实。例如，在许霆案中，许霆的行为固然不为公众所认同，而金融机构的不良作风和不尽恰当的社会姿态同样受到了广泛而尖锐的批评，在此过程中金融机构同样受到了一次深刻的教育。与此相同，围绕崔英杰（城管被杀）案的讨论中，公众在吁求对崔英杰从轻处罚的同时，也对城管机构不近情理的执法态度提出了批评，由此引发了全社会对城管部门执法问题的审慎思考与讨论。由于民意产生于多重视角，汇聚了多方面的社会要求，因而，民意无疑是司法机构个案处置的有利参照，这又进一步为司法活动贴近社会生活，为司法社会效果的提升与增强提供了可能。[1]

三、刑案民意回应的理论基础

对于刑案民意回应的理论基础，学界有一定讨论，但主要侧重于民意的功利性价值和一般意义上的民主理论，缺乏深入和系统的分析。笔者认为，民意回应至少有三大理论基础：回应型法理论，参与式、协商性民主理论和社会协同治理理论。

1. 回应型法理论

回应型法是诺内特、塞尔兹尼克在《转变中的法律与社会：迈向回应型法》一书中提出的一种法律类型。在该书中，作者将古

---

〔1〕　参见顾培东：《公众判意的法理解析——对许霆案的延伸思考》，载《中国法学》2008年第4期。

今中外的法制现象划分为压制型法、自治型法和回应型法三类，并对三类法的特征和关系作了细致地总结和分析。

在诺内特、塞尔兹尼克的法律类型学中，那种将法律作为压制性权力的工具的法制形态，被称为压制型法；那种作为能够控制压制并能够维护自己的完整性的一种特别制度的法律，被称为自治型法；而那种作为回应各种社会需要和愿望的一种便利工具的法律，则被称为回应型法。其中压制型法以法律从属于权力政治为基本特征，依赖强制且强制仅仅受到微弱的限制，突出社会秩序的重要性；自治型法强调法律的刚性和形式理性，突出规则之治和司法者的规则伦理，强调法律相对于诸多互相冲突和竞争之价值的独立性，并自恋于司法过程的三段论推理；回应型法则侧重于法律的目的性，强调规则的灵活性，钟情于满足社会的具体需求，突出司法机构的裁量权与责任伦理。〔1〕

需要强调的是，在诺内特、塞尔兹尼克的法类型学理论中，法律发展有着某种进化论色彩，即古今中外的法律，大致上都要经过从压制型法到自治型法再到回应型法的发展历程。在他们看来，欧美发达国家已经实现从压制型法到自治型法的转变，当今需要做的就是迈向回应型法。某种程度上，包括恢复性司法在内的西方法学的新发展多少印证了诺内特、塞尔兹尼克几十年前的判断。

中国的情况略微复杂，因为中国似乎尚未实现从压制型法到自治型法的转变。但是不容否认的是，中国社会已经出现了对回应型法的需求，其中最为突出的就是刑案民意。尽管我们要随时谨记诺内特、塞尔兹尼克早就告诫的“在维持秩序或控制压制要

〔1〕［美］诺内特、［美］塞尔兹尼克：《转变中的法律与社会：迈向回应型法》，张志铭译，中国政法大学出版社2004年版，第16～20页。

求动员一切可利用能量的地方，对回应型法的呼唤只能是分散对更为根本的急务的注意力，从而是有害的”，因为“一种过于开放的法律秩序会丧失在社会中节制权力作用的能力，从而倒退到压制”，〔1〕但是对于合理的刑案民意，仍然应当在保持谨慎的同时予以积极的回应。

2. 参与式、协商性民主理论

学界习惯性地将代议制民主作为民主的主流。实际上，除代议制民主理论之外，还存在一种非常重要的民主理论，即参与式、协商性民主理论。本来，参与式民主和协商性民主是两种不同的理论，由于他们的共性远大于区别，因此笔者将二者合称为参与式、协商性民主。

参与式民主理论的核心观点是：“真正的民主应当是所有公民的直接、充分参与公共事务的决策的民主，从政策议程的设定到政策的执行，都应该有公民的参与。只有在大众普遍参与的氛围中，才有可能实践民主所欲实现的基本价值如负责、妥协、个体的自由发展、人类的平等。”〔2〕这种参与式民主理论并不否定代议民主的主流地位。协商性民主在参与式民主的基础上，进一步突出参与过程的商谈特质，要求政治共同体中自由、平等的公民，通过参与政治过程、提出自身观点并充分考虑其他人的偏好，根据条件修正自己的理由，实现偏好转换，批判性地审视各种政策建议，从

---

〔1〕［美］诺内特、［美］塞尔兹尼克：《转变中的法律与社会：迈向回应型法》，张志铭译，中国政法大学出版社2004年版，第84、134页。

〔2〕［美］卡洛尔·佩特曼：《参与和民主理论》，陈尧译，上海世纪出版社2006年版，序言第8页。

而赋予立法和决策以合法性。[1]

学者、立法者乃至民众都逐步发现,民主不仅仅是立法层面和选举层面的,还可以是诉讼和司法层面的,一场社会对司法民主的需求与回应大戏随之展开,以至于世界范围内"正在发生一般民众从司法作用的客体向主体转化,并积极动员审判来实现对一般政治过程进行参加的意识革命"。[2] 例如,2002 年 7 月英国出台的司法改革报告《所有人的正义》,即建议采取加强陪审团工作、招募"非职业化"治安法官、扩大民主旁听案件范围、加强社区矫正等措施,增加公众对诉讼和司法的参与,实现司法民主化;2001 年日本《支撑 21 世纪日本的司法制度》的报告也提出要构建让国民更广泛、方便地参与诉讼的改革建议,其司法改革的主轴就是把法院从"精密司法"的判决作坊变成"民主司法的公共领域"。[3]

在参与式、协商性民主兴起并实质性影响诉讼和司法基本面貌的背景下,本章所讨论的刑案民意就具有了司法民主的意蕴。在社会权利意识、政治参与意识日渐觉醒,民主呼声日高的当下中国,从制度上强化社会民意参与刑事诉讼的通道和机制,不仅是适应司法民主化的潮流之举,更是切实满足社会基本需求的体现。

3. 社会协同治理理论

社会协同治理理论是近年来治理理论领域提出的一种较新的治理理论,是指政府出于治理需要,通过发挥主导作用,构建制度

---

〔1〕 陈家刚:《协商民主:民主范式的复兴与超越》,载陈家刚主编:《协商民主》,上海三联书店 2004 年版,第 1 页。

〔2〕 [日]棚濑孝雄:《纠纷的解决与审判制度》,王亚新译,中国政法大学出版社 2004 年版,第 256 页。

〔3〕 刘青峰、李长军:《现代司法理念与我国司法管理体制的重构》,载《河北法学》2004 年第 12 期;刘景辉:《论司法民主》,吉林大学 2010 年博士学位论文。

化的沟通渠道和参与平台，加强对社会的支持培育，并与社会一起，发挥社会在自主治理、参与服务、协同管理等方面的作用。在此过程中，政府始终保护并尊重社会的主体地位以及社会自身的运作机制和规律，并综合运用行政管理、居民自治管理、社会自我调节以及法律手段甚至市场机制等多种方式，形成政府主导、社会协同、共建共享的社会治理新格局，实现充满活力、和谐有序的社会治理目标。[1]

随着国家和社会的发展，尤其伴随着各种矛盾日益突出，国家可资利用的资源逐渐显现出其有限性，当代中国政府的执政理念开始发生重大转型，开始逐渐从“统治模式”向“治理模式”转变，其标志之一，就是国家主席习近平曾多次提到要推进国家治理体系和治理能力的现代化。[2] 由于社会协同治理从系统的角度考虑治理问题，对社会的复杂性极为敏感，同时在平衡政府与社会关系、融合政府与社会资源、协调政府治理与社会需求之间有着独特优势，因此其已经成为提高我国国家治理能力的一个重要发展方向。十八届三中全会决议中的国家治理现代化论述，已经部分地内含了社会协同治理的思想。[3]

法治和司法体系是国家治理体系的重要组成部分，国家治理

---

〔1〕 郁建兴、任泽涛：《当代中国社会建设中的协同治理》，载《学术月刊》2012 年第 8 期。

〔2〕 习近平：《习近平谈治国理政》，外文出版社 2014 年版，第 104 ~ 177 页。

〔3〕 十八届三中全会决议中的国家治理现代化内容，已经多方面包括了协同治理的思想：一是强调多主体，大家都是主体，都是国家管理者。人民也是社会的主体，还有各组织、各单位，都是参加管理的一方面角色，都是主体之一，从过去的一个主体变为多主体。二是渠道多元化，治理既有从上到下，也有从下到上，甚至可以从中间向上、向下延伸开来、铺展开来，治理也表明了方式的变化。三是治理要现代化，更加科学、更加民主，同时也要更制度化、规范化、程序化。

体系和治理能力的现代化，当然包括法律治理体系和治理能力的现代化。事实上，任何现代化的国家治理都是法治的治理。像任何现代化国家一样，中国的法治和司法体系也必须承担起维护和构建社会秩序、实现有效社会整合、分配公平正义等功能。法治和司法体系这些功能，使它不仅是现代化国家治理能力的一部分，更是国家治理体系和治理能力现代化的基础性部分。因此，在强调国家治理体系和治理能力的现代化和社会协同化发展的今天，应当将法治和司法治理体系和治理能力的提高作为优先方向。

刑事司法直接关系到社会的基本安全秩序，在某种程度上，其可谓国家治理体系的重中之重，尤其随着民意治理与犯罪治理的勾连，其重要性更应当被强调。有鉴于此，在强调国家治理体系和治理能力现代化以及向协同治理方向发展的同时，非常有必要推动刑事诉讼体系朝着协同治理的方向迈进，这就要求允许乃至鼓励社会民意对刑事案件处理某种程度的介入和参与。

四、刑案民意在裁判中的应有地位

既然刑案民意有着独特功利价值和内在价值，又有相应的理论基础，民意是否应当得到回应的问题可以说大致得以解决。但是在具体讨论如何回应民意之前，有必要对民意在裁判中的应有地位作一简单分析。笔者认为，根据具体情形，合理的刑案民意在裁判中应当具有如下地位：

1. 作为证据资料的民意

作为证据资料的民意，基本发生在量刑证据之中。在近些年涉及的诸多典型案例中，尽管公众之间存在激烈的争论，其中也不乏一些偏离法律规定的过于激进的民意意见，但总体上说，公众的意见大部分都是在法律限定的量刑框架之内，多属民愤或者民怜，以及据此要求严惩或者宽缓处理两种类型，[1]而对定性问题较少有异议。这主要是因为经过近40年的普法运动，法律话语事实上已经成为民间讨论和官方讨论的共同话语，因此绝大多数时候，参与讨论的公众主要是从法律内部评判个案的处理，而非超越法律进行讨论。当然，更进一步来讲，这也是因为法律本身就应当并且事实上也一定主要来自其所在的社会，故公众对社会现象及社会事实的一般认知与法律具有天然的吻合性。用昂格尔的话说，"法律仅仅是反复出现的、个人和群体之间相互作用的模式。同时，这些个人和群体或多或少地明确承认这种模式产生了应当得到满足的相互的行为期待"。[2] 因此，即便不是基于对法律规定的熟知和理解，对具有广泛社会影响的个案，社会公众依凭其社会观念和意识，也可以提出与法律规定大体相符的意见。

对于这类并不超越法律、限于量刑的刑案民意意见，如果其满足前面分析指出的功用和正当性，国家权力当然应当对其作出积极的回应。只是此时民意的地位应当是一种量刑的证据资料，因为这类民意事实上只是为法院的个案处理提供了更充分的信息材料，而不会造成个案处理的规范性难题。也因此，民意要进入裁判者的视野，应当具备相应的证据形式。

2. 作为规范依据的民意

作为规范依据的民意，可以称之为裁量范围之外的民意，即民意诉求超越了现行法律框架，民意的回应必须另寻规范性依据。

---

〔1〕 郜占川：《民意对刑事司法的影响考量》，载《甘肃政法学院学报》2011年第4期。

〔2〕 参见[美]昂格尔：《现代社会中的法律》，吴玉章、周汉华译，中国政法大学出版社1994年版，第43页。

这类民意与规则漏洞存在紧密联系。众所周知,法治是一项遵从规则之治的事业,但规则意义上的“外部法律体系”是存在漏洞的。按照陈林林教授的研究,规则漏洞存在“明显的”和“隐藏的”两种情形。[1] “明显的漏洞”系指规则空缺:依法律的规范计划或其整体脉络,对于系争个案法律应当予以规范却没有规范,或者说虽有若干指示但欠缺期待中的具体规则。鉴于此,法官必须基于“类似案件类似处理”的裁判原则,以类推适用的方式将个案归摄到一条最接近的规则之下。但是,倘若连可供类推的相似规则都没有,法官就只能权衡相关法律原则(宪法基本权利规范或部门法的总则性条款),结合“事物的应然之理”,自行作出法律决断并制定个案规则。“隐藏的漏洞”系指规则悖反:存在适用于个案的法律规则,但规则的适用结果却难以获得社会公众的认可,乃至被法官视为有悖于规则的目的。此时法官必须依据个案事实和法律原则,对规则的适用范围进行“目的论限缩”,并另行创设一条适用于当下个案的新规则,作为原有规则的例外与补充。在遇有规则漏洞的疑难案件中,无论法官采取规则类推还是原则裁判,个案判决必然蕴含了规则意义上的司法创制过程。在此过程中,那些被确定为司法造法或政策决断之依据的事实,就成为一种“立法性事实”。

和本书所探讨的民意相关联,一旦刑案民意超越了现有的法律框架,超越了法官的裁量范围,而成为一种“立法性事实”,并且这类“立法性事实”有着基本的正当性,那么国家权力是否应当对其予以回应呢?真正的争议焦点只会发生在这一层次。对此,否

[1] 陈林林:《公众意见在裁判结构中的地位》,载《法学研究》2012年第1期。

定性的回答如周元坤教授的审判元理论,肯定性的回答如顾培东教授的公众判意论。在笔者看来,国家权力当然应当对其予以积极地回应,这不仅基于民意自身可能具有的正当性,更是基于现代民主理论已经开始从传统的代议制民主转向参与式民主,由此形成了通过个案(民意)修正代议制民主决策(法律)的范型。只是这类刑案民意的回应,不仅应当注意立法和司法回应的各自疆界,还应当注意二者之间的内在衔接及其方式。

CHAPTER 02 >>

第二章

刑案民意如何回应：侧重于程序进路的初步分析

如何对待刑案民意是近十年来国内学界探讨的热点问题，围绕民意如何回应，学者们进行了充分的讨论。但是，对于刑事诉讼程序在民意回应中居于何种潜力性地位，学界尚未给予充分的关注。有鉴于此，作为本研究的前提，本章在讨论如何回应刑案民意时，将侧重于讨论刑事诉讼程序在刑案民意回应中的应有地位问题。

一、刑案民意回应的三种途径

无论从理论还是从实践的角度来看，刑案民意回应无外乎三种途径，即立法途径、司法途径和政治途径。前两者为常规途径，政治途径则是一种非常规做法，但其作用也不可忽略。

1. 立法途径

立法途径是回应刑案民意的最主要的常规方式。所谓通过立法回应民意的途径,是指由民意代表通过立法程序将民意转化为法律,从而实现回应民意的一种方式。个案民意虽然附着于个案,但也可能具有普遍的意义。当民意达到相当普遍程度而成为多数人的看法时,其即可能成为立法性民意。此时理论上应当通过立法的方式将民意固定下来,这乃是民主的当然含义。

在国外尤其是大陆法系国家,立法途径可以说是民意回应的主要方式。由于对形式理性有着某种程度的迷恋,以及对法官权力的某种不信任的传统,大陆法系国家有着深厚的制定法渊源。大陆法系国家在司法领域曾经推崇的严格三段论(或者法官的机器化比拟),以及强调的法定证据主义,都体现了某种立法至上的思想,这种思想虽然如今已经有所减弱,但仍影响巨大。在立法至上思想的影响下,大陆法系国家主要通过立法回应民意也就是理所当然的了。当然,在英美法系国家,立法在民意回应上也并非毫无地位。例如,在"9·11"事件之后,美国国会通过的《爱国者法案》,事实上就是对民意反对恐怖主义的积极回应。

在我国,由于长期受大陆法系国家(以及大陆法系在欧洲边缘、东亚影响所及的苏联、日本)的影响,立法至上思想在民意回应领域同样占据着主要的市场,这在近年的立法中有着更加明显的体现。一方面,在刑法领域,刑法的多次修正案,均体现了对民意的积极回应姿态。以近年来的两大修正案为例,在《刑法修正案(八)》中,对于社会反映强烈的"危险驾驶""恶意欠薪""组织买卖器官”等现象和行为，均明确作出了回应；[1]在《刑法修正案（九）》中，对于“医闹”“网络信息安全”“替考”“贪腐终身监禁”等社会关注的热点问题，也都给出了直接的刑法解决方案。

另一方面，2012 年刑事诉讼法的修改，同样体现了对民意的积极回应和吸纳。例如，对于有着切实需求和土壤，并有充分理论依据的刑事和解，刑事诉讼法即给予了吸纳和确认；又如，对于社会存在共识的未成年犯罪特别处理问题，刑事诉讼法修改时即给予了多种途径的关照和体恤；再如，对于“被精神病现象”“刑讯逼供问题”“冤假错案问题”“贪腐官员财产处理问题”等社会关注的热点问题，新刑事诉讼法亦给予了足够重视。

当然，刑法和刑事诉讼法领域中体现民意回应的条文和制度绝不限于前述内容。法律修改并不限于人大修法的方式，因为最高人民法院、最高人民检察院的司法解释也承担着重要的类似功能。不过也应当看到，无论是在刑法还是刑事诉讼法领域，在民意回应问题上，仍然还存在许多不足，比如，法律修改往往比较缓慢和滞后，刑法修正案存在一定程度的民粹主义倾向，刑事诉讼法修改中人权保障力度仍显不足等，相信未来的相关立法修正会逐渐弥补这些不足。

2. 司法途径

司法途径是与立法途径同等重要的另外一种民意回应方式。所谓司法途径，是指通过诉讼程序识别、吸纳民意的一种方式。司法途径的存在，相当程度上与立法的缺陷有关。一方面，立法因为存在稳定性要求，并不会随时修正，因此对于民意通常并不会作出

[1] 参见肖世杰：《法律的公众认同、功能期许与道德承载——对刑法修正案（八）的复眼式解读》，载《法学研究》2011 年第 4 期。

迅速及时的反应;另一方面,由于立法理性的有限性,立法本身也难免存在缺陷,对于某些民意的回应也因此可能存在不足。在这两种情形下,都需要通过司法途径予以弥补。当然,司法途径并非完全建基于立法的不足。司法由于其对具体事物的敏感性,可以更为细腻地回应社会需求,因此对于民意回应有天然的独特优势。

在当今世界,无论是大陆法系国家还是英美法系国家,司法途径都是重要的民意回应途径,只是传统上英美法系国家对其更为倚重。一方面,在英美法系国家刑事法领域,法官并没有足够的类似于大陆法系国家的法典作为裁判依据,因此不得不通过遵循先例(类比推理)的方式裁判。由于先例的足够多样性,所谓对民意的回应也就能够在历史案例与手头案例的类比之中完成,以至于国会立法倒显得次要了。另一方面,在大陆法系国家,尽管传统上信奉立法至上,但是随着违宪审查制度的建立和欧洲人权法院权威的确立,判例开始具有重要的法源地位,司法事实上也已经成为民意吸纳的重要方式。

在我国刑事法领域,通过司法回应民意也有着诸多的体现,尽管这种司法模式与国外存在很大不同。一方面,司法回应民意体现为法官的能动实践。这种能动实践包括两类:一类是法官主动了解民意信息。在基层法院,特别是在农村地区,长期以来法官和基层民众之间一直存在某种直接联系。案件一旦送到法官手里,与被告人、被害人相关的社会信息可能会很快以各种形式,如联名信、基层组织证明、家属反映、律师提交的情节证据等进入法院。对于被告或被害人及其家人是否具有某些特殊情况,承办法官会主动进行调查,这种调查虽然不一定严格按照证据调查的方式进行,但这些信息会影响法官的裁判,法官会针对特殊情况作特殊处理。另一类是创新民意收集方式的实践。这类新型实践是在法院被放置于全国性民意喧嚣、舆论鼓噪的语境之中而不得已采取的一些所谓“沟通民意”的方式,如在药家鑫案中采取的问卷调查方式等。

另一方面,司法回应民意还体现为与西方国家类似的司法裁量。实践中,这种司法裁量主要通过一些司法技术的应用来实现的,通常既包括仪式化的法槌、法袍的应用,也包括庭审的技巧性指挥,但主要体现为刑罚裁量。由于我国刑法规定的刑罚幅度较宽,可以判处缓刑的区间(即判处三年以下有期徒刑、拘役)较大,因此客观上法官有相当程度的刑罚裁量权以及缓刑适用的裁量权——尽管近年来量刑规范化改革对其略有限制。在民意案件中,绝大部分案件事实上都是通过刑罚的方式加以回应的,无罪或者改变罪名者都极为罕见。过去发生的刘涌案、李昌奎案、连恩青案、邓玉娇案等,尽管司法过程中法官也作出了种种应对民意的努力,但在结果上也几乎都是通过刑罚裁量实现对民意的回应的。

3. 政治途径

民意回应的政治途径,即通过政治手段回应民意,是一种不同于立法和司法模式的非常规途径,这种方式一般发生在常规的立法尤其是司法无法迅速回应或无能为力之时。民意回应的政治模式既可能嵌于立法和司法之中,也可能在立法或司法之外。

在国外的刑事法领域,民意回应的政治模式同样有着重要的影响。一方面,在立法和司法过程中,并不缺乏政治判断和博弈。事实上,刑事立法活动本质上就是政治博弈的结果;而刑事司法活动特别是最高法院的刑事司法活动,同样也具有明显的政治色彩(如美国的最高法院事实上就是一个政治机构[1])。这一点已经

[1] 参见左卫民:《最高法院研究》,法律出版社2005年版,第3~29页。

有无数的分析,无须赘言。另一方面,在立法和司法过程之外,也存在政治性的民意回应,比如国家首脑针对突发事件的命令或指示,虽然以行政的方式作出,却事实上是政治性的,典型的如弗格森枪杀黑人案中奥巴马的表态。与下文要提及的中国实践不同的是,国外民意回应的政治模式更为隐蔽,因此至少在观感上司法是独立的。

在中国刑事法领域,通过政治方式回应民意显得格外突出。一方面,中国刑事法制本身即与政治存在紧密关联,党管政法机关是常规性存在。在过去一段时间中,政法委对刑事司法的影响可谓极为深刻,政法委不仅出台宏观的刑事政策,而且指导甚至干预个案。与民意相结合,政法委的政策和指示主要体现在对犯罪的控制上。重大案件、恶性案件特别是命案之中,政法委出于社会秩序稳定和安全的考虑,会对法院审判作出指示。另一方面,作为一种非常态的情形,刑事司法还会受到更高层政治指示的影响。在这种形态下,常规的政法委指示其实仍然存在,只是被更高级别的指示所掩盖了。比如,早年间的张金柱案以及 2014 年的连恩青杀医案均受到国家领导干部的关注,而 2017 年的于欢案则得到中央媒体的关切,在一定程度上影响了刑事司法的运作过程。

二、程序尤其是诉讼程序在刑案民意回应中的地位

从民意的全面回应角度来讲,立法、司法和政治的途径应当齐头并进,缺一不可。但是无论何种途径,都需要通过具体的程序来实施。不仅如此,如果更进一步,从现代社会的价值多元背景来看,程序在很多时候可能还是现代社会认同构建(同时也是民意解决)无法替代的选择。当然,由于政治性回应的稀缺性,以及立

法天然的慢节奏，诉讼程序将会是民意回应的常规途径也是最主要的途径。

1. 三种民意回应途径都离不开程序

在现代社会，无论何种决策都离不开程序，任何决策几乎都是程序化操作。民意回应的立法模式、司法模式和政治模式，同样概莫能外，只是程度有别罢了。

首先，立法模式的民意回应必须通过科学合理的程序才能实现。一方面，立法机构的组成人员必须通过选举程序产生才具有合法性，同时也才可能成为立法意义上的民意代表反映民意。另一方面，具体的法律制定过程更是一个严格的民意收集、吸纳和制度化的程序过程，引起民意关注的事项，要通过民意代表或者其他途径形成立法选题并立项，然后由专家、相关机构起草草案、征求社会意见，最后由立法机构审读颁布等。

其次，司法模式的民意回应更依赖于程序。司法机关作为法律的适用机构，在逻辑上只能按照事实和法律判案，否则合法性即成问题。在这种情形下，司法要回应民意，一方面必须将民意信息尽可能通过程序转化为案件证据材料，以使民意符合法律事实的形式；另一方面对于无法转化为案件事实的民意信息，则必须通过程序技术，如法律解释、法律推理乃至修辞进行加工，以将民意规范纳入法律规范之中。

最后，政治模式的民意回应同样离不开程序。看起来通过政治模式回应民意似乎与程序关系不大，因为政治指示主要是一种决断。但是在现代社会，随着民意事件的复杂化和多面化，政治回应的过程同样不是单个人的行为，而是一个集体决策的过程，这个过程同样是一个程序化过程。尤其随着政治制约机制和政治责任制的确立，为了减轻责任压力，政治人物的决断几乎都是程序化操作而非个人独断。

2. 诉讼程序在刑案民意回应中的独特价值

相较立法程序和政治过程，诉讼程序是迄今为止最为成熟、精密和系统的程序建设成就，其于民意回应的价值也更为独特。法学家陈瑞华教授曾就诉讼中程序正义的独立价值作过精彩分析，其认为程序正义的独立价值体现在以下三个层面：一是保证那些其权益可能受裁判结论有利或不利影响的人（以下简称被裁判者）受到公正的对待，这种公正对待的核心其实是使他们作为人的人格尊严和内在价值得到尊重。二是以一种独立的方式保证裁判结论具有正当性。三是实现程序正义的要求对于被裁判者以及社会公众对裁判结论公正性的接受具有极为明显的保障作用。[1]笔者认为，陈教授对于程序正义价值的独立性的分析，在相当程度上也是适用于程序在民意回应中的独特地位的，当然，涉及的程序要素和特点会有所不同。

首先，开放而公正的诉讼程序设计，有利于形成民意的通畅表达和公正的对待过程，这种过程本身就是对民意的重视和尊重。其一，通过开放的程序设计将各类利益相关者的民意表达纳入程序体系之内，让民意表达有路、诉求有门，本身即是对民意的一种回应；其二，通过审级制度、违宪审查制度等制度的建立，让民意有希望达至顶层权力机关，在确保民意诉求通畅反映的同时也体现了对民意的高度重视；其三，通过诉讼过程尤其是庭审过程中民意的公开表达、质证和辩论，以及由中立的裁判者进行裁决，体现了对民意的尊重，也有利于民意的平息。当然，上述民意回应，主要是过程性的，即由民意的表达程序、听审程序所塑造的诉讼过程即

〔1〕 陈瑞华：《程序正义价值的独立性》，载《法商研究》1998年第2期。

具有相当程度的消解、化解、缓解民意之功用。

其次,科学合理的诉讼程序设计,有利于合理民意的鉴别和吸纳。一方面,通过合理的诉讼程序设计,可以促成合理民意的识别。例如,通过将民意表达纳入听审程序,可以经由听审过程的公开性、对质性和辩论性,而让合理民意被析出;再如,通过合理的审级制度的层层过滤,以及因审级制度而造成的延时效应,民意将自我沉淀和自我理性化,合理的民意也将逐渐自我显露。另一方面,通过科学的诉讼程序设计和程序技术,可以促成合理民意的吸纳。例如,上诉审、再审以及违宪审查制度即有利于合理民意最终被认可乃至被吸纳为法律规范;再如,法官的解释技术、推理技术、修辞技术等程序技术的应用,也有利于民意最终被纳入证据事实之中或被涵摄进法律规范之中,从而促成合理民意的吸纳。

最后,开放公正的程序设计,有利于增强民意回应的社会可接受性。一方面,开放公正的程序设计,可以形成较强的"作茧自缚"效应,即便民意未被吸纳,社会也不得不接受结果。例如,某类民意得到了充分的表达,并得到了公正的对待,但由于该类民意在诉讼程序中的表达方式或论辩理由存在问题而未被吸纳,该类民意的支持者可能会将矛头对准民意代表而非法院。另一方面,某些开放公正的程序设计,还可以形成自我治理的逻辑循环,从而使得无论民意回应结果如何,社会都不得不接受。例如,通过陪审团审判的案件,只要陪审团成员的选拔足够开放和公正,那么陪审团作出的结论无论是否回应了民意,社会都只能接受,因为陪审团具有临时性、一次性特点,而且系由普通民众组成,逻辑上是一种社会的自我审判,难以归责于国家权力。

3. 通过程序回应民意是价值多元背景下建构法律认同的必然选择

在中国国家与社会转型过程中产生的民意问题，本质上与西方国家现代性过程中的群体性焦虑存在相通之处，归根结底是现代社会中的认同构建问题，只是转型中的中国民众更为躁动，因此民意回应更为复杂，认同构建更为艰难。现代性焦虑是现代价值多元（诸神之争）社会的必然特征，人们所焦虑的、民意所诉求的其实是多元价值观下内心的无所扎根，因此深度自我无处安放从而导致的认同难产。

有鉴于此，必须从认同角度讨论民意的回应问题。认同问题实际是与自我实现联系在一起的。黑格尔认为，自我是绝对普遍的东西，同时又是直接绝对的个别化。也就是说，自我实现表现出一种自相矛盾的关系：自我作为人，同所有其他的人相同，但自我作为个体，又同所有其他的个体全然不同。[1] 因此，自我的实现，就包括了人的共性的实现和人的个性的实现这两个方面的内容。前者与人的普遍共识相对应，后者与个体的具体价值和伦理实践相通。前者可称为“表层自我”的实现，后者可谓之“深度自我”的达成。[2] 法律的认同问题，根本上是受众从“表层自我”和“深度自我”的双重实现角度审视其有效性的问题。以下因素表明，在现代性背景下，程序是法律认同构建的必然选择，因此也是刑案民

---

〔1〕 参见［德］黑格尔：《逻辑学》（第三编：概念论）。转引自［德］哈贝马斯：《重建历史唯物主义》，郭官义译，社会科学文献出版社2000年版，第89页。

〔2〕 韦伯认为，人的个性就意味着这个人依照某种价值对他的整个生活进行全面的组织。See weber, The Methodology of Social Sciences, p. 55. 转引自李猛：《除魔的世界与禁欲者的守护神：韦伯社会理论中的“英国法问题”》，载《韦伯：法律与价值》，上海人民出版社2001年版，第224页。

意回应无法替代的选择。

一方面,由于诸神之争的价值多元已经成为现实,基于自然法、神法、家族法以及其他传统价值的同质性或者个人魅力而从内容上实质性解决法律认同已不可能。[1] 既然法律不能抱守某一个价值,那么就只能不偏向任何价值,而通过一个价值中立的形式性、程序化法律,来获得各方的心安和支持。这就是所谓法的形式理性,也就是卢曼提出的"通过程序的合法性",即试图通过程序化的法律体系,尤其是合法/非法的二元编码,化减生活世界行为和价值多元的状况,从而实现法律的合法化。[2] 按照季卫东教授的分析,卢曼的这种程序化减机制,主要是通过程序的正当过程、程序的中立性和条件优势以及程序的合理化原则诉诸实践的。[3]

另一方面,仅仅通过有一个中立的形式性、程序化的法律,并不足以获得人们的深度认同。如果说形式性、程序化的法律有助于化简多元世界的复杂性,从而以一种不支持任何具体价值的面目获得人们的认可和支持的话,这种认可和支持也只能是表面和客气的,因为其仅仅有利于"表层自我"的实现,而与"深度自我"的实现无关。也正因为如此,个人的伦理自由和价值认同最终成了边缘的东西,人们的"深度自我"仍然无处安放,所以在中国才

---

〔1〕 在韦伯那里,统治分为奇里斯玛型、传统型和法理型这样三种类型。奇里斯玛型、传统型统治的突出特点是价值观念的高度同质性,从而使这类社会中法律—司法认同不成"问题"。参见[德]韦伯:《论经济与社会中的法律:导论》,张乃根译,中国大百科全书出版社 1998 年版,第 15 页。

〔2〕 [德]卢曼:《社会的法律》,郑伊倩译,人民出版社 2009 年版,第二章。

〔3〕 季卫东:《法制秩序的建构》,中国政法大学出版社 1999 年版,第 23 页。

有秋菊的“困惑”,[1]在西方才有《安提戈涅》中爱与正义的冲突。[2] 那么如何在法律中实现人的“深度自我”,进而获得人们对法律的深度认同呢? 由于“上帝已经死了”,诸神之争已经成为事实,因此“深度自我”的实现,其实仍然不得不选择一种程序性的进路,只是这种程序性的进路与卢曼的那种不食人间烟火的系统功能论的“自我合法化”不同,而是更看重人们的充分参与和人的创造性和能动性。这在哈贝马斯那里体现为一种程序性的交往行为理论,在吉登斯那里则体现为一种突出行动者能动性的反思性监控理论。在哈贝马斯那里,不仅应该通过立法程序体现受众的主流价值观念,而且在司法过程中也应该体现。因为真正的“深度自我”乃是具体的,必须在具体的案件中才能现实化。为此,必须在程序中进行一种基于共识的广泛的交往和论证,以便在程序内部就完成自我的具体价值认同。[3] 而在吉登斯那里,法律系统被看成是对实现法律受众的认同具有促进作用的程序性力量,因为吉登斯把程序性的规则作为当事人可以利用的用于反思监控的资源,从而使法律结构的运行的主动权最终掌握在当事者

---

〔1〕 苏力:《法治及其本土资源》,中国政法大学出版社 1996 年版,第 23 ~ 37 页。

〔2〕 李猛:《爱与正义》,载《书屋》2001 年第 5 期。

〔3〕 [德]哈贝马斯:《包容他者》,曹卫东译,上海人民出版社 2002 年版,第 47 页。哈贝马斯的程序主义有着相当的理想色彩,其对程序本身提出了严格的要求,即程序设计应该具有如下特征:不管谁,只要能作出相应的贡献,就应当允许他参加论证;所有人都应当享有均等的机会,在论证中作出自己的贡献;参与者必须言出心声;交往必须同时摆脱外在强制和内在强制,以便有更好理由的说服力能促使人们对可以批判检验的有效性采取肯定或者否定的立场。哈贝马斯还要求,如果每个人都信赖论证,并且至少要提出这些实用前提,那么,在实践话语当中,只有那些同等尊重所有人的利益和价值取向的理由才会发挥作用,原因在于,所有当事人组成了公共领域并都得到了包容;参与者享有同等的交往权利。

手里。[1] 在这里,吉登斯重点强调了当事者的能动性和主体性。吉登斯似乎从这样一种反思监控中看到了深度认同的希望。

由此看来,无论是“表层自我”还是“深度自我”的实现,在现代性背景下都有赖于一种程序性进路。换言之,要实现法律的公众认同,就必须构建一套有助益于人们自我实现尤其是“深度自我”实现的程序体系。由于民意的本质乃是认同问题,因此在民意问题的解决体系中,程序制度与程序技术也就成了无法回避的重要方面。就此而言,尽管在非常时期立法程序和政治过程极为重要,但在日常生活中,诉讼程序则是重中之重。

三、通过程序尤其是诉讼程序回应刑案民意的限度

前面讨论说明了程序在刑案民意回应中的重要地位,其中诉讼程序尤被强调,从而形成一种侧重于通过程序回应民意的制度途径。对于这种途径的具体制度设计,后文将会专门讨论。这里想要提前强调的是,诉讼程序并不能解决所有的刑案民意问题,也不能保证刑案民意能够得到完全公正的对待。换言之,通过程序尤其是诉讼程序的刑案民意回应有其内在的和外在的限度。

1. 通过程序回应民意的内在限度

通过程序回应民意的内在限度是由程序自身的固有特点所决定的,即因程序自身的正义性与合理性、程序与结果之间的复杂关系而导致的民意回应上的有限性。这主要包括两个方面:一方面,程序本身也有正义与否、合理与否的区别。只有正当的和合理的程序,才可能较好地回应民意。反之,如果程序本身不具有正当性

---

[1] [英]吉登斯:《现代性与自我认同》,三联书店 1998 年版,第 128 页。

和合理性,则通常来讲,自然难以很好地回应民意。这不仅因为程序本身的正当性也是有利于民意回应的重要因素,更因为正当的程序更可能带来好的可接受的结果。然而,程序要具有正当性与合理性,则需要满足一系列的条件,如充分的参与、裁判者的中立、程序的对等、司法的理性、程序的及时性和终结性等,[1]而这些条件并不容易完全满足,在中国的立法和司法实践中往往也没有和难以全面满足。在此情形下,一旦这些条件不具备或者不完全具备,则程序本身的正当性就存在问题,通过这样的程序回应民意,自然难以保证民意能够得到很好的回应。

另一方面,即便程序本身是正当合理的,程序也并不能保证达到良好的民意回应效果。美国学者罗尔斯在《正义论》一书中提出并分析了程序正义的三种形态:纯粹的程序正义、完善的程序正义以及不完善的程序正义。纯粹的程序正义的特征是,不存在任何有关结果正当性的独立标准,但是存在有关形成结果的过程或者程序正当性和合理性的独立标准,因此只要这种正当的程序得到人们恰当的遵守和实际的执行,由它所产生的结果就应被视为是正确和正当的,无论它们可能会是什么样的结果。完善的程序正义以及不完善的程序正义都存在独立的公正标准,不同的是前者存在一种总能够保证达到这种结果的程序;后者虽然有一种判断正确结果的独立标准,却没有可以保证达到它的程序,亦即即使法律被仔细的遵循,过程被公正恰当地引导,还是有可能达到错误的结果。[2] 实践中,完善的程序正义是十分罕见的,罗尔斯的"分

〔1〕 陈瑞华:《刑事诉讼的前沿问题》(第2版),中国人民大学出版社2005年版,第240~246页。

〔2〕 [美]罗尔斯:《正义论》,中国社会科学出版社1988年版,第80~83页。

蛋糕”例子基本上是一个思想实验，实践中其实并不常见。因此，最常见的就是纯粹的程序正义和不完善的程序正义。就本书的主旨而言，不完善的程序正义的存在，本身就揭示了程序在民意回应上的内在限度。而就纯粹的程序正义而言，正如其内涵所揭示的，这种程序正义并不以结果为导向，因此并不能保证达到预期的结果，因此在民意回应上，自然也不能保证达到良好的民意回应效果。

2. 通过程序回应民意的外在限度

通过程序回应民意的外在限度主要是由民意的实践特点和复杂性决定的，亦即民意的实践特点和复杂性使得通过程序回应民意的效用难以发挥或者即便发挥其作用也大打折扣。这主要包括两个方面：一方面，中国民众特别是基层、偏远地区的民众对实质正义、结果正义的追求远大于对程序正义的追求，有时人们甚至可能无视正当程序而希望达到某种结果，从而超出程序的回应能力。体现在刑案民意中，即表现为民意只关注结果而不问过程。例如，在刘涌案中，辽宁省高级人民法院因为可能存在刑讯逼供而判处刘涌死刑缓期两年执行，但是民众并不考虑这种基于正当程序的合理考量，而希望法院判处刘涌死刑立即执行；再如，在李昌奎案中，事实上并无证据证明云南省高级人民法院的二审判决（死刑缓期两年执行）存在枉法之处，但民意只聚焦于结果，最终使法院不得不更改裁判结果，而判处李昌奎死刑立即执行。这类需求实际上超出了程序的能力，或者说超出正当程序的能力，因此这类民意的回应，最终只能采取一种超越正常、正当程序的做法。

另一方面，中国的刑案民意虽然附着于个案，但实际上其诉求的内容往往远远超出法律，表现方式也难以为法律所完全驾驭。正如后面一章将要指出的，民意之中存在大量的仇官、仇权、仇富、仇黑、仇恶、同情弱者以及前面提到的实质正义观念等完全或部分超越法律的诉求，而且这类诉求所呈现出的多元化、碎片化、想象化、情绪化、娱乐化、不稳定性、易操控性和极化效应，也使得法律和司法难以驾驭。这些问题，虽然部分与法律、司法的体制和机制不能适应民众对正义、公正以及转型社会中民众的特殊需求有关，[1]但绝大多数在本质上主要不是法律或司法问题，更非法律或司法所致，而是因为腐败、贫富分化、社会剧烈变迁等政治性、社会性乃至文化性因素所致，有的甚至是全球性疑难问题。对于这些深层次的问题，尽管通过科学合理的程序设计以及行动者的行动，可以部分的予以应对，但最多也只是可以缓解因为这些因素所致的个案民意，却极难从根本上独力回应、满足民意的诉求。实际上，这类刑案民意的回应，只能通过腐败惩治、相关分配制度改革、完善社会治理机制乃至政治改革方可达到比较理想（而非完全理想）的效果，毕竟，在运作良好的民主宪政体制之下，重要原则的真正论坛是政治，最根本的原则都是通过民主方式，而非通过法庭确立的。[2]

---

〔1〕 孙笑侠：《公案的民意、主题与信息对称》，载《中国法学》2010 年第 3 期。

〔2〕 ［美］凯斯·R. 孙斯坦：《法律推理与政治冲突》，金朝武、胡爱平、高建勋译，法律出版社 2004 年版，第 5 页。

CHAPTER 03 >>

第三章

刑案民意回应的现状及其存在的问题

——以法院民意回应为重心

在弄清民意回应的类型,以及程序在民意回应中的地位之后,接下来的任务理应是厘清诉讼程序在民意回应中的实际地位。考虑到法院在回应民意中的重要角色和地位,本章将主要以法院的民意回应实践为重心展开考察和分析。

一、问题、方法与材料

对于刑案民意事实上如何被(法院)回应这一问题,学界以前并没有特别认真地对待。当前的研究基本上聚焦于如下问题:一是民意的特点;二是民意对法院的影响;三是法院应当如何回应民意。当然,对于法院事实上如何回应民意这一问题,学者也并非完全没有涉及,但除了少数例外,总体上是断片式的或将其作为批评靶子。有鉴于此,非常有必要对法院事实上如何回应民意做一较全面的考察和分析。

本书将采取实证研究的方法对法院事实上如何回应民意进行考察。当然,这里的实证研究,主要是对实际情况的调查和分析,而不是经济学、管理学等常用的假设—模型—数据验证这类的实证研究。笔者这里的实证研究重点强调在具有统计意义的样本案例中,总结民意的特点,概括法院的实际行为模式。因此虽然有数据化的定量分析,但事实上主要是定性分析。

本书的材料主要来自媒体的报道、学者的引用和互联网的搜索引擎。由于近20年来民意问题非常突出,引发民意的案件(事件)应当说非常繁多,不可能全部进入样本数据。因此笔者掌握的标准如下:一是参考2005～2017年间各年度全国十大影响性诉讼中的刑事案件;二是参考学界在论著或者会议中介绍、引用并认定为属于民意关注的案件;三是参考媒体报道、关注较多的案件,包括门户网站是否曾经开有专题、是否做民意调查、是否深度跟踪等。这三个标准既是互相衡量的关系,也是互相补充的关系。互相衡量既入选了全国影响案例的案件,也原则上要获得后两种中介的认可;互相补充即第一个为主要的样本来源,第二个和第三个为辅助性来源。据此,笔者最终选择了57个案例作为样本。具体如下:

表3－1　与民意相关的案件情况表

年份	案名或事件名	关注焦点	被告人行为	民意指向	法院裁判
1994	佘祥林案	农村命案	故意杀人	村民请愿严惩	15年

续表

年份	案名或事件名	关注焦点	被告人行为	民意指向	法院裁判
1997	张金柱案	公安局长涉案	交通肇事、故意伤害	不杀不足以平民愤	死刑
2001	亓培玉案	公务员涉案	故意杀人、寻衅滋事	严惩	死刑
2001	蒋艳萍案	厅级女官员涉案、涉桃色	贪污	严惩	死缓
2002	孙志刚案	大学生被收容后死亡	故意伤害	严惩，反思收容	死刑
2003	苏秀文案	宝马车主撞死菜农	交通肇事	认为量刑太轻	维持
2003	刘涌案	黑社会老大涉案	组织、领导黑社会等	不杀不足以平民愤	改判死刑
2003	女童饿死案	三岁女童因警察失职饿死	玩忽职守	同情女童，严惩警察	警察被判刑
2004	马加爵案	贫困大学生涉案	故意杀人	同情	死刑
2005	贵州崔英杰案	犯罪情节恶劣	抢劫、强奸、杀人	认为二审死缓过轻	改判死刑
2005	黄静案	女教师死因迷雾	强奸、亲密行为	要求重判	无罪
2005	王斌余案	农民工讨薪杀人	故意杀人	希望轻判	死刑
2005	张德军案	见义勇为	故意伤害（自诉）	希望无罪	无罪

续表

年份	案名或事件名	关注焦点	被告人行为	民意指向	法院裁判
2006	崔英杰案	小贩对抗城管	故意杀人	希望轻判	死缓
2006	邱兴华案	犯罪情节恶劣	故意杀人	地方恐慌，疑精神病	死刑
2007	嫖宿幼女案	官员涉案	嫖宿幼女	重判	最重 14 年
2007	杨佳袭警案	报复警察	故意杀人	同情	死刑
2008	廖婷婷案	精神病患者家庭困境	故意杀人	同情	判 3 缓 5
2008	周正龙案	同地方政府联合欺骗	诈骗	有争议	2 年 6 个月，缓刑
2008	周久耕案	官员抽天价烟	受贿	要求严惩	11 年
2009	躲猫猫事件	牢头狱霸涉案	故意伤害、渎职	要求严查	判刑
2009	邓玉娇案	弱女反抗官员	故意伤害	同情	免予处罚
2009	胡斌案	富二代	交通肇事	严惩	3 年
2009	“临时性强奸”案	奇葩判决表述	强奸	对一审轻判不满	改为重判
2009	孙伟铭案	以钱买刑	醉酒驾驶	严惩	死刑，改无期
2009	李庄案	重庆打黑	伪证	律师声援，社会声讨	有罪

续表

年份	案名或事件名	关注焦点	被告人行为	民意指向	法院裁判
2010	李启铭案	官二代涉案	交通肇事	民愤	6 年
2010	赵作海案	冤案	故意杀人	要求改判	无罪
2011	药家鑫案	犯罪情节恶劣	故意杀人	民愤	死刑
2011	李昌奎案	犯罪情节恶劣	故意杀人	民愤	改判死刑
2011	夏俊峰案	小贩对抗城管	故意杀人	同情	死刑
2011	教授换妻案	副教授涉案、涉桃色	聚众淫乱	争议很大	3 年 6 个月
2011	小悦悦案	幼儿被害	交通肇事	民愤	3 年 6 个月
2012	巧家爆炸案	农民对抗征地	爆炸	怀疑事实	死刑
2012	吴英案	年轻女富商涉案	非法集资	争议极大	死缓
2012	廖丹案	贫困市民救妻	伪造公章	同情	判 3 缓 4
2012	雷政富案	官员涉案、涉桃色	受贿	嘲弄,娱乐化	13 年
2012	杨达才案	官员佩戴名表	受贿、财产来源不明	希望严惩	14 年
2012	湄公河惨案	大毒枭涉案	故意杀人等	希望严惩	死刑

续表

年份	案名或事件名	关注焦点	被告人行为	民意指向	法院裁判
2013	薄熙来案	高级别官员涉案	贪腐	娱乐化	无期
2013	冀中星案	残疾人上访	爆炸	同情	10 年
2013	枪杀孕妇案	警察枪杀孕妇	枪杀	民愤	死刑
2013	摔死女童案	女童被摔死	摔死女童	民愤	死刑
2013	李某某案	明星二代涉案	强奸	民愤,有争议	10 年
2013	鲍某某强奸猥亵儿童案	教师猥亵儿童	强奸,猥亵儿童	民愤	死刑
2013	张氏叔侄案	冤案	故意杀人	要求改判	无罪
2014	连恩青案	医患矛盾	故意杀人	有分歧	死刑
2014	秦火火案	网络推手传谣	诽谤、寻衅滋事	主流认为应该惩处	3 年
2014	呼格吉勒图案	冤案	强奸、故意杀人	要求改判	无罪
2014	平度纵火案	农民对抗征地	放火、寻衅滋事	同情	死刑
2015	“掏鸟窝”获刑案	大学生不知法犯罪	非法猎捕、收购珍贵、濒危野生动物	同情,但后期反转	10 年 6 个月

续表

年份	案名或事件名	关注焦点	被告人行为	民意指向	法院裁判
2015	苏州范木根案	市民对抗拆迁	故意伤害	同情	8 年
2016	聂树斌案	冤案	故意杀人、强奸	同情	死刑，再审无罪
2016	大妈仿真枪案	小商贩贩卖仿真枪	非法持有枪支	同情	3 年 6 个月，改判为判 3 缓 3
2016	警察打死农妇案	警察殴打农妇	故意伤害，滥用职权	愤怒	缓刑
2016	贾敬龙案	农民对抗拆迁	故意杀人	同情	死刑
2017	于欢故意伤害案	黑社会讨债辱母	故意伤害	同情	一审无期，二审未决

笔者认为，上述 57 个案例具有相当的代表性，以这些案例作为样本展开分析，可以较为完整地展示中国法院回应民意的大致情况。首先，这些案例在时间跨度上长达 30 余年，可以说正好涵盖了中国社会变迁最为迅速的时期；其次，这些案例还涵盖了中国从传统社会过渡到现代社会的几个阶段，即传统地方化社会、纸媒电视时代和互联网自媒体时代，各个时代的案例均有涉及；再次，这些案例对于 30 余年间中国社会的各种矛盾，包括利益冲突、强弱冲突、分配问题、官民矛盾、贫富矛盾、意识形态矛盾等均有反映；最后，这些案例包括了相关党委政府以及法院、媒体、民众对待和处理民意的各种态度，其中既有法院吸纳民意的典型，也有法院

不顾汹涌民意独立裁判的样本。

二、刑案民意的特点及其对刑事司法的挑战

在中国,由于政策制定的缺陷和社会矛盾的集聚,以及个体在现代性背景下的焦躁,使刑案民意有着极为复杂的面目,其表达和诉求在许多时候都明显超出司法能力,这给刑事司法带来了巨大挑战。

(一)刑案民意的特点

1. 民意表达的特点

(1)多元化。虽然与西方社会相比,中国社会仍然具有一定程度的同质性特点,但是利益和价值观念越来越多元化却是不争的事实。[1] 社会的逐渐多元化,导致过去那种动辄"一边倒"的意见局面开始松动。体现在刑事司法中,虽然有一些个案仍然存在"一边倒"的局面,但仍然有不同的声音存在,比如刘涌案、药家鑫案、李昌奎案等案件中,尽管主流的意见是"严惩",但在早期,也存在一些不同的意见。[2] 不仅如此,在一些案件中,甚至出现了针锋相对的意见,典型的如马加爵案、李某某强奸案等;[3]而在李庄案中,各种意见更是扑朔迷离,官方、专家、律师、民众等,各方

---

〔1〕 参见季卫东:《论中国的法治方式——社会多元化与权威体系的重构》,载《交大法学》2013 年第 4 期。

〔2〕 如陈兴良等对刘涌案曾出具专家意见,认为刘涌不该杀。关于陈教授的观点,参见陈兴良:《刘涌案改判是为了保障人权》,载《理论参考》2003 年第 10 期。

〔3〕 网络中对马加爵同情者并不少;而在李某某强奸案中,同样也有不少学者和网民支持李某某。

意见甚至各方内部之间都很难说存在基本的一致。[1]

(2)碎片化。民意作为一种情绪和意见的表达,本身就不具有逻辑性、系统性、整体性和全面性,加上自媒体的兴起,相关民意意见更是几乎与逻辑性、系统性、整体性和全面性无缘,从而呈现出碎片化的特点。这里的碎片化,具体来讲主要有如下几个表现:一是载体分散,常规的报纸、电视,新兴的论坛、微博、微信,均充斥着各类立场相同、相近或者相异、相反的民众观点和意见;二是"标题党",以标题吸引眼球,但并无实质内容或者实质内容存在重大问题,典型的如所谓"临时性强奸"案;[2] 三是只言片语,只涉及案件某一部分,而置其他部分于不顾,如"姐姐捂死精神病妹妹"案(即廖婷婷案)。[3]

(3)想象化。由于刑事司法本身必然具备的相当程度的封闭性,社会大众并不能及时获得案件相关的真实信息(很多时候甚至真实的信息司法机关也不一定掌握),这使社会大众在评论个案时,往往只能建立在官方公布的部分信息基础之上,从而使权威信息极为有限。信息的有限性,直接带来了大量基于想象、猜测的判断和评论,如在杭州飙车案中,肇事者胡斌的同车人即被想象为市长的亲属,而对李昌奎案件的二审改判,也被猜测存在腐败。而某些对案情的想象和猜测,甚至最终超越"想象"的边界,而直接变为造谣和传谣,典型的如杭州飙车案中的"替身受审"。

---

〔1〕 关于李庄案的复杂性,参见龙宗智:《李庄案法理研判——主要从证据学的角度》,载《法学》2010 年第 2 期。

〔2〕 所谓"临时性强奸"其实完全是媒体为吸引眼球而有意断章的结果,判决书只是称"两人属临时性的即意犯罪",意在突出被告人主观上并非蓄谋已久。

〔3〕 廖婷婷案远比"姐姐捂死精神病妹妹"这一简单描述复杂得多。如廖婷婷父母对记者强调说,"不要说姐姐是对还是错,她真的是被逼得没得办法了",显然"姐姐捂死精神病妹妹"并不能涵盖这一情理性内容。

(4)情绪化。与民意的碎片化和想象化有关,但又不同的是,民意的表达往往具备极强的情绪宣泄特点,毫无理性和逻辑,攻击性辞藻充斥期间,对于相关观点和意见缺乏基本的证据及论证。这一点尤其体现在匿名的网络信息之中。笔者注意到,许多与民意相关的网络发帖、微博微信,都常以呐喊叫冤、讽刺挖苦、游戏娱乐的方式进行,其中充斥着特定群体的仇恨、不满、同情、呐喊、调侃、嘲讽等各种情绪,并吸引大量粉丝或引起一众类似跟帖。有学者指出,这可能与勒庞所谓群体感情的表达往往是简单而夸大的特点有关,也可能与法不责众的群体自我心理暗示有关。[1] 其结果,就是许多民意都从最初关注事实而演变为一种情绪宣泄,甚至为了情绪宣泄而罔顾事实和法律。这典型地体现在杨佳袭警案中的不少网民罔顾案件事实而称杨佳为"大侠";也体现在李某某强奸案中,一些网络意见最终演变为毫无逻辑和理性的情绪化攻击。

(5)娱乐化。民意表达的娱乐化,是指民意表达的非严肃性,即对严肃的刑事案件发表娱乐性、诙谐性的意见或者仅关注案件的娱乐性、八卦性方面。这一点体现在三个方面:一是语言的娱乐化,如监狱中非正常死亡的"躲猫猫""喝开水死""上厕所死",杭州飙车案中的"欺实马",官员强奸案中的"临时性强奸"等。二是表达方式的戏剧化,如对贪官雷政富形象的小丑化、对弱女子邓玉娇的侠女化等。三是对八卦、桃色内容的钟爱,如对薄熙来案中薄谷开来与王立军的八卦关系、各种情妇反腐、各种贪官的奢靡生活(如通奸、佩戴奢侈品的视频、开名车住豪宅等)的关注等;对于贪腐类案件,除了级别很高的官员之外,甚至发展到无八卦不关注的程度。

(6)不稳定性。民意信息不仅呈现出横向的多元化、碎片化

---

〔1〕 孙笑侠:《公案的民意、主题与信息对称》,载《中国法学》2010年第3期。

和想象化特点,还呈现出纵向的即历时上的易变性和不稳定性。这种不稳定性主要体现在:其一,意见范围的变化导致民意不稳定。最初的民意也许是地方性的,但随着案件事态的发展,民意可能演化成全国性的,从而可能发展到最初的地方性民意与全国性民意存在不一致。其二,主流与非主流民意变动不居。刚开始是主流的民意,随着案件的发展,可能逐渐成为非主流;最初也许没有主流民意,随着时间推移涌向了主流民意;当然,也可能是前两者的相反情形。其三,每个人参与者的意见可能会发生变化。受利益变化或者观念变化的影响,每个人都可能随着时间的推进而改变个人的意见和态度。

(7)易操控性。易操控性是指由于民众可能具有的"乌合之众"特点,以及因利益的渗透,导致民众意见易被某些影响性人物或者物质利益所扭曲。实践中,易被操控性主要表现为两个方面:一是容易被某些名人、"大V"所引导。由于名人、"大V"往往粉丝众多,影响力较大,其一旦转发或者发表倾向性意见,很容易形成"刷屏"效应,导致盲目跟风和"点赞"支持。二是容易被物质利益所操控。本来,参与个案民意表达的民众一般都与案件本身不存在直接的利益关系,因此绝大部分都是基于自己的固有立场、价值观或者公共利益而发表的意见。但是,这并不排除一些人为了某些目的,而雇用一些本来没有利益关系的人鼓吹某种观点,形成虚假民意的可能性。实际上,在李某某强奸案中,已经出现了所谓"水军",[1]而秦火火案也表明,确实存在通过各种手段操控民意

---

[1] 参见陈有西:《李某案舆论已严重失真 背后水军不一般》,载凤凰网:http://news.ifeng.com/society/1/detail_2013_08/29/29117720_0.shtml,最后访问日期:2016年11月6日。

的极大可能性。[1]

(8)极化效应。所谓民意的极化效应,是指通常一个群体的各位成员针对某一问题进行讨论之后,该群体会作出比讨论前的任何一个成员的观点都更加极端的决定。[2] 这种更加极端的决定往往有两个后果:一是某种观点更为尖锐或仅击一点。二是容易形成压倒性的主流意见或者针锋相对互不相让的意见。这一点在邓玉娇案中有着明显的体现。在该案中,一方面,媒体从最初的客观平实的报道,经由媒体、网络的推波助澜而最终演变为侠女反抗淫官的大戏,邓玉娇的弱女子身份被极度强调,而三个镇政府工作人员的官员身份则被极度渲染;另一方面,民意也最终形成了"一边倒"的支持、同情邓玉娇的局面,至于镇政府工作人员的一死一伤则完全被无视。

2. 刑案民意内容上的特点

(1)仇官。在笔者所搜集的典型民意刑事案件中,民意诉求中仇官现象极为突出。在统计的57个样本案例中,涉及仇官内容的多达34个,占比达60%。具体而言,一方面,对于犯罪嫌疑人、被告人属官员者,如诸多贪腐类案件中的被告人,这种仇官现象可谓长期存在,严惩、应当判处死刑呼声不绝于耳,这在非贪腐类案

---

〔1〕 秦火火(秦志晖)供认,其所属的尔玛公司自2010年3月在北京市朝阳区成立以来,主要从事网络推手、网络营销等业务,为了扩大知名度、影响力,秦志晖及其公司员工组成网络推手团队,伙同他人,通过微博、贴吧、论坛等网络平台,组织策划并制造传播谣言、蓄意炒作网络事件、恶意诋毁公众人物,以此达到公司牟利目的。他曾公开宣称:网络炒作必须要"忽悠"网民,必须要煽动网民情绪与情感,才能将那些人一辈子赢得的荣誉、一辈子积累的财富一夜之间摧毁。他们公开表示,"谣言并非止于智者,而是止于下一个谣言",等等。

〔2〕 姜斌:《群体观念的形成机制:司法如何应对民意的前提考量》,载《浙江社会科学》2010年第3期。

件中同样有所体现,如邓玉娇案、贾敬龙案等;另一方面,对于与官员存在密切关系的犯罪嫌疑人、被告人,如官二代、官员家属,同样被民众广泛关注并存在相当程度的仇视,如李启铭案("我的老爸是李刚")等。此外,在各类案件中,只要有与官员存在可能的关联,这些"可能"涉案的官员都会被怀疑乃至抨击,如杭州飙车案(尽管官方否认胡斌的飙车同伴为市政府领导的儿子)。

(2)仇权。仇权现象是仇官现象的延伸,但也有所区别。仇权诉求主要针对的是公权力行为而不是政府工作人员的个体行为。在57个样本案例中,仇权现象比仇官现象更普遍,有多达42个案件与仇权有关,占比达到73.6%。当然,仇权不是对任何公权力行为都仇视,而是对滥权行为、不作为的不满,因此民意诉求中的仇权一般也都体现在这两类案件之中:一是政府滥权行为,如城管任性执法、公安随意抓人打人等,典型案例如夏俊峰案、孙志刚案等;二是政府不作为,如环境污染、社会救助、警察渎职等,典型案例如三岁幼儿饿死案、"躲猫猫"案、警察打死农妇案等。

(3)仇富。从比例来看,民意诉求中的仇富是仇恨类案例中仅次于仇官、仇权的一类。在57个样本案例中,与仇富相关的案例有11个,占比接近20%。民意诉求中的仇富主要体现在对某些富人、富二代犯罪的痛恨上,典型的如杭州飙车案、(苏秀文)宝马撞人案等。在方式上,仇富一般体现出两个明显的特点:一是仇富通常与仇官、仇权相结合,体现出民众对"权贵"的极度不满;二是对富人进行原罪揭露和道德批判。在结果上,民众一般倾向于对富人犯罪进行严惩,在贫富对立的案件中,则倾向于忽略富人的基本利益或权利。

(4)仇黑仇恶。从民意表达的内容来看,仇黑仇恶(情节恶劣)是除了前述仇官、仇权、仇富之外另外一种比较突出的现象,反映了社会民众的朴素正义观念和价值判断。在 57 个样本案例中，与仇黑仇恶相关的有 7 个，占比 12%。仇黑以刘涌案、刘汉案、于欢案为典型，普通民众对此的认知高度一致，即认为此类犯罪应该严惩；仇恶以李昌奎案、药家鑫案为典型，社会民众对此类情节极为恶劣的犯罪的评价亦相当统一。在很多时候，这种对黑恶行为的倾向性意见如此高度一致，以至于个案中存在的某些具有法律意义的情节被忽视，如刘涌案中的刑讯逼供情节。

(5)同情弱者。同情弱者是刑案民意中的一个不同于前述各种仇视性“民愤”的重要方面。在 57 个样本案例中，与同情弱者相关的案件有 23 个，占比 40%。这里的弱者包括两种类型：一种类型是绝对意义上的弱者，即社会公认的弱势群体，如妇女、未成年人、老人、极度贫困的人、残疾人等。对于这类弱者的犯罪行为，社会民众多持一种怜悯态度，如邓玉娇案、冀中星案等。另一种类型是相对意义上的弱者，即此类人的对立面属于极为强势的群体，如前述官员、政府、富人等。对于这类弱者涉及的犯罪，民众更愿意从强势一方寻找犯罪的原因从而为弱者辩护，典型的如小贩杀城管、农民工讨薪杀人等，而一旦这类弱者成为强势群体犯罪的受害人，民众又倾向于要求严惩强势群体。

(6)维护基本的人伦道德。人伦道德属于社会性规范的范畴，法律和司法虽然不能与之画等号，却不能与之过分相悖。然而在实际的司法过程中，由于各种原因，司法结果不断出现与基本的人伦道德相悖的情形，引发人们的普遍性抗议和质疑，进而对法院形成强大的民意压力。在 57 个样本案例中，与人伦道德相关的案件有 5 个，占比接近 10%。这种民意压力由于有常识性的道德人伦作为支撑，使法院最终不得不有所改变。这一点在许多热点案件中都有体现，典型的如廖丹案和于欢案，两案中，前者的夫妻之义引起普遍共鸣,后者的母子之情则引发了“一边倒”的民意支持。

(7)追求实质正义。从理论的角度来讲,法律上的正义其实都是形式正义,司法实现的正义,主要是形式正义和程序正义。但是在刑事个案的民意内容中,社会民众追求的则是实质正义,或者说是结果层面的正义。在某种程度上可以说,民众只看结果,而很少看过程和程序,一旦结果不符合社会期待,民意就可能持反对意见,即便过程或程序是正当的。这一点在几乎所有引起民众关注的案件中都有体现——民众多是因为案件结果而非过程关注个案,并直接体现在诸如刘涌案、李昌奎案等案件之中。在该两案中,虽然法院的司法程序和判决理由在法律上并无不当,但仍然引起了民众的不满和愤怒。

(二)刑案民意对刑事司法的挑战

1. 民意的复杂特点对司法甄别和把握民意构成挑战

众所周知,法院回应民意的前提是对民意有一个比较准确的甄别和把握,但是如前所述,涉案民意具有多元化、碎片化、想象化、情绪化、娱乐化、不稳定性、易操控性和极化效应等特点,这些特点都不同程度的使法院很难甄别和掌握民意。

具体而言,第一,民意的多元化和碎片化,使法院很难一开始就把握所谓主流民意,因为可能根本不存在主流民意,或者起初根本不存在主流民意。第二,民意基于有限信息对案情及其背景的想象,使民意偏离案件事实的可能性大增,从而可能造成虚假的民意和真实的民意混为一谈相互发酵,影响法官判断。第三,民意的情绪化和娱乐化,使民意表达充满了非理性因素和法律上无意义的八卦问题,对司法甄别和把握民意形成干扰。第四,民意的不稳定性,使民意可能随着时间流动和事件的进展而发生变化,这对法院甄别和掌握民意极为不利,因为主流的民意可能随时变动,而作出裁判有期限以及纠错次数的限制。第五,民意的易操控性则为司法甄别民意带来更大的困难。由于民意的操控者往往居于幕后,很难识别,特定个案中反映出来的民意,尤其是网络民意,完全可能是操纵(如雇用水军灌水)的结果,但是由于操控者的隐蔽性,裁判者几乎无法判断民意真伪。第六,民意的极化效应所造成的极端化和对立性,夸大了民意意见的支持或反对程度,虽然有利于引起裁判者的重视,却也为裁判者识别民意的“度”制造了难题。

2. 民意内容的广泛性对司法能力构成挑战

如前所述,涉案民意在内容上具有仇官、仇权、仇富、仇黑仇恶以及同情弱者等特点。从目前我国法律和司法制度架构来看,法院对这些民意诉求只能小部分的回应,而对大部分的诉求则显得无能为力。

一方面,由于法律和司法均应遵循人人平等的原则,因此法律原则上并不会因人而异,只有在特殊情况下才会差异化处理。所谓特殊情况,即只有符合罗尔斯差别原则的情形,方可特殊处理。正因为如此,现行制度中,可以因人而异处理的,也就只剩下对弱者的同情,即对妇女、未成年人、老人等弱势群体的特别关照。当然,实践中法官还会合理利用自己的裁量权,而对某些涉及情理的特殊情况加以关照。但是总的来看,这类现行法律和司法可以回应的范围都是极为有限的。

另一方面,对于民意中广泛存在的仇官、仇权、仇富、仇黑仇恶等倾向,法院事实上并无相应的能力予以回应。这不仅是因为法律本身的平等价值不允许法官跟随仇官、仇权、仇富、仇黑仇恶情绪,更是因为这些不满和憎恨之中,蕴含了深层的政治、经济、社会因素,如政治上由于缺乏足够的权力监督造成的官员特权、政府滥权,经济上由于机会不平等、政商勾结造成的极大贫富差距,社会层面上由于社会分层的固化尤其是底层固化造成的不同层次人群之间的隔阂等。正是这些政治、经济和社会问题,造成了普通民众的仇官、仇权、仇富、仇黑仇恶倾向。显然,只有解决了这些深层的政治、经济、社会问题,相关的民意才可能得到真正的回应,而恰恰在这些问题上,司法在相当程度上是无能为力的。

3. 道德化和实质正义倾向的民意对形式化的司法构成挑战

如前所述,维护人伦道德和追求实质正义都表明,个案中的民意几乎都有着实质正义的影子。由于中国司法在过去十多年里在职业化和专业化方面取得了巨大进展,同时立法也日趋完善,这使中国的法律和司法日趋具备现代法治的形式理性特征。这种特征在刑事法领域体现为两个方面:一方面是刑法的日益精密化,另一方面是程序法日益受到重视。从某种意义上讲,形式理性的法律和司法,本来就是为了解决"诸神之争"背景下实质理性的困境而产生的,因此在本性上,其与实质正义倾向的民意之间很难合拍。正因如此,实质正义倾向的民意对形式理性的司法构成了明显挑战。

具体来讲,这种挑战包括两个方面:一方面,现代刑事司法形式理性的一个重要体现即要件化和非人格化,前者试图尽可能将事件发生的诸多前因后果的细节排除在外,后者则力图弱化家庭、人格、亲情等对诉讼过程的影响,其理据在于只有建立在要件化和非人格化的基础上,才可能实现现代刑事诉讼的"简化治理",也才可能有助于限制恣意和确立法律上的平等。但是民意的实质正义倾向往往具有明显的情境化和人格化特点,比如充满了对具体细节、前因后果的关注,对个体的愤怒、同情、指责,对基础道德和伦理的认同等。在这种情形下,要件化和非人格化的刑事司法如何处理带有明显情境化、人格化色彩的民意,无疑是一个难以处理的问题。另一方面,形式化的司法的另外一个重要特点就是推崇司法的职业化和专业化,并奉行一种独特的行规式的法律推理技术。[1] 在这种职业化和专业化的司法之下,如果不给予特殊的制度安排,民意对案件的外行式评论、非逻辑性的结论,将很难被刑事诉讼过程所接受和吸收。

三、实践中法院回应刑案民意的三种模式

在当前关于刑案民意的研究中,学界研究得更多的是民意的特点以及民意对刑事司法的影响,而很少从司法特别是法院的角度出发,考察法院在回应民意上的实践行动。有鉴于此,本部分将结合前述案例,考察法院回应民意的实践,并总结其内含的逻辑和模式。

(一)法院回应民意的能动模式

所谓法院回应民的能动模式,是指法院在面对个案民意时,采取积极主动应对策略的行为类型。在能动模式中,法院既可能基于情理(潜在的民意)而主动调查和回应民意,也可能因为民意已经被激发而采取某些具有民主色彩的措施。具体来讲,刑事司法实践中能动模式主要有以下三种具体的模式。

---

〔1〕 R. M. 昂格尔:《现代社会中的法律》,吴玉章、周汉华译,译林出版社 2001 年版,第 50 页。

第一种是媒体报道很少,但长期以来一直存在的法官主动摸底调查。这种调查的发展分为三个阶段:一是自发阶段。如前文所述,在基层法院,特别是农村地区,长期以来法官和基层民众之间一直存在某种直接联系。例如,对于属于家中唯一经济支柱的被告,如其有老人需要赡养,或者有学生需要供读,则在法律允许的范围内被判处缓刑的可能性很大。二是制度鼓励并因此有明确法律依据的阶段。2012 年刑事诉讼法修改后,借鉴了国外的社会调查制度,在未成年人司法程序中引入了量刑社会调查制度。此一制度很快在未成年人司法程序中得到全面推行。三是未成年人社会调查的扩散阶段。本来按照刑事诉讼法的规定,社会调查仅针对未成年被告,但实践中法院将这种调查应用的范围远远超过了这一限定。这种调查与前一种摸底调查存在实际的延续性,但覆盖范围更广,并不再局限于农村地区,也更正规。从全国许多地方的实践来看,对于可能判缓刑或者重大犯罪案件,法院都有可能进行社会调查。由于这种调查并不以当事人申请为前提,也不一定已经引起了社会的广泛关注,因此属于法院的职权行为和主动行为。

第二种是近年来法院发展出的旨在应对民意的一些司法民主化实践,主要包括法院召集群众开座谈会、征求意见乃至问卷调查等方式。这类方式与前述能动模式不同。前述模式基本都是在并无大范围民意和媒体报道背景下,法官基于情理的行为,而这些新型实践则是在大范围内置于全国性民意喧嚣、舆论鼓噪的语境中,法院不得已采取的一些所谓"沟通民意"的措施。由于此类做法在本质上和法官的被动角色不符,因此在媒体公开报道的案件中,此类案件并不多见。最典型的案例,可能要数药家鑫案。在该案开庭审理时,现场 500 名旁听人员每人都收到一份"旁听人员旁听案件反馈意见表”，问卷上除了庭审的合议庭成员名单，还有两个问题：您认为对药家鑫应处以何种刑罚？您对旁听案件庭审情况的具体做法和建议？据该院一名法官介绍，向旁听公民征求量刑意见，该院以前就这样做过，只不过这次是该院发放调查问卷数量最多的一次。鉴于药家鑫案影响重大，受到舆论积极关注，西安市中级人民法院希望通过这种形式听取不同意见，可以使合议庭在听取控辩双方意见的基础上，参考调查问卷结果，确保最终判决更加公平公正。[1]

第三种是司法的能动裁量，即法官通过灵活应用司法技艺回应民意。实践中，这种司法技艺的应用，既包括仪式化的法槌、法袍的应用，也包括庭审的技巧性指挥，但主要体现为刑罚裁量。如前所述，这可能与我国刑法规定的刑罚幅度较宽、刑罚执行方式多样有关。刘涌案、李昌奎案、连恩青案、邓玉娇案等，尽管司法过程中法官也作出了种种应对民意的努力，但在结果上都事实上是通过刑罚裁量实现对民意的回应的。

民意回应的能动模式之出现，与中华人民共和国成立后的马锡五审判传统、最高人民法院曾经特别强调的能动司法以及要求法院系统积极与民意沟通有关。这三者的共同特点就是强调法院不应当过于被动和消极，不应过于拘泥于法律规则和程序，而应当主动深入社会了解情况，尽可能地将“矛盾解决于萌芽状态”。在面对民意时，受这些老传统和新要求的影响，法院表现出能动性的一面也就不足为奇了。

---

〔1〕 详见《药家鑫案件续：法庭发问卷调查，旁听变“陪审”》，载新浪网：http://news.sohu.com/20110413/n305744520.shtml，最后访问日期：2016年11月6日。

(二)法院回应民意的政治依附模式

法院回应民意的依附模式,是指法院在面对民意时,听命于政治命令和指示作出决策的行为类型。在这种模式中,法律规则和程序并不被法院视为作出裁判的唯一正当性来源,政治力量的看法被作为重要的决策依据。实践中,存在两种不同的依附形态。

一种形态是常规的,即法院刑事审判依附于常规的政治命令和指示。在刑事司法中,这一点尤其明显,即地方法院对同级政法委的依附。在过去二十多年中,政法委对刑事审判的影响可谓极为深刻,政法委干预个案的时代距今并不太遥远。重大案件、恶性案件、命案之中,政法委出于社会秩序和公共安全(往往以民意之名)的考虑,会对法院审判作出指示,而法院往往都遵循照办。在佘祥林案中,佘祥林被冤就有政法委(迫于民意压力)指示的因素。

另一种形态是非常规的,即法院刑事审判依附于更高层的政治指示。在这种形态下,常规的政法委指示其实仍然存在,只是被更高级别的指示所掩盖了。非常规的依附有两个典型案例:一个是较早的张金柱案(1997 年)。该案发生并经由《大河报》报道之后,迅即引起高层注意,不仅地方上的郑州市委书记、河南省委书记先后批示,还有四个中央领导作出批示,其中最高层的一个批示是“不杀不足以平民愤”。[1] 法院最终按照政治批示,判处张金柱死刑立即执行。较晚的案件是连恩青案,也叫温州杀医案(2014 年)。温州杀医案发生后,李克强总理作出重要批示,要求有关部门高度重视因医患矛盾引发的暴力事件,采取切实有效措施维护医疗秩序。虽然李总理并未就个案发表明确倾向性意见,但连恩

---

〔1〕 牛马走:《愤怒之余的欣慰》,载《大河报》1997 年 8 月 25 日。

青最终被判死刑并被执行。

法院依附于政治回应民意，可能与中国法院长期以来的司法政治化特点有关。如果稍微往前回溯历史，可以发现在新中国成立后的六十多年中，这种依附模式曾经长期占据着法院的主流意识，并突出体现在最高人民法院的政治化行动之中。新中国成立初期的镇压“反革命”，惩罚地主富农等坏分子；“三反五反”期间对运动打击对象的厉行惩处；1959 年以后对于“进行复辟活动和破坏活动的地富反坏分子，以及进行贪污盗窃、投机倒把的新老资产阶级分子”的镇压；通过展开社会主义教育运动的方式来处理“人民内部矛盾”；“在依靠党中央、依靠群众的前提下，保持着专政机关对阶级敌人的高度警惕”；1978 年以后展开的针对“文革”中的大量政治迫害而造成的冤假错案的纠正活动；1979 年以后基于经济发展需要而进行的大规模的建制化的经济审判活动；1983 年以后展开的各部委院协同进行的“严打”活动和社会综合治理活动；20 世纪 80 年代末 90 年代初的为经济改革和市场经济发展保驾护航等，[1]都体现出法院的政治觉悟和自我政治化特点。在这种长期的自我政治化渲染下，加上民意案件本身的政治色彩，法院依附于政治回应民意可以说是顺理成章的事情。

当然，需要注意的是，在这种模式中，一方面，法院可能因为政治指示层级的不同，依附的程度也会有别，比如，法院可能更倾向于服从直接领导自己的党委的指示，以及来自国家层面的指示，而对隔层指示态度就比较模糊，但总的来说都缺乏足够的独立性；另一方面，随着法治国家和法治政府建设的推进，政治指示也变得越来越巧妙，直接的指示主要出现在 21 世纪之前的司法实践中，指

〔1〕 时飞：《最高人民法院政治任务的变化》，载《开放时代》2008 年第 1 期。

示的清晰度也越来越含混和模糊，这一点在张金柱案和连恩青案中即有着明显的体现：张案中对于审判结果有着明确的结论，而连案中，总理并无针对个案的倾向性意见。

（三）法院回应民意的制度模式

虽然媒体更喜欢关注法院采取非常举措回应民意的案例，但事实上，法院在民意回应上更愿意也更多采取笔者称之为“循规蹈矩”的制度模式。在这种模式下，尽管民意喧嚣，然而法院仍然倾向于按照既定法律和程序办事，即便法院的裁判遭受了非常大的非议，法院也仍然喜欢从既有制度系统内寻找回应途径，而不是另寻他路。

对于司法实务中民意回应的制度模式，可以杭州飙车案为典型加以说明。杭州飙车案，是指2009年5月7日浙江省杭州市文二西路人行道斑马线上发生的一起改装三菱车因超速驾驶撞死人的事件。该案中，飙车者胡斌为杭州师范大学体育系大二学生，并曾获得首届杭州卡丁车大赛冠军，据网友搜索其系杭州本地一富商之子，并有多次驾车违章记录；被害人谭卓系浙江大学毕业的平民工程师。该案发生第二天杭州本地媒体就进行了报道，又因交警称胡斌车速只有70码、胡斌飙车同伴被疑为市长家属（后被证伪）、胡斌同伴事发后谈笑风生、胡斌的“富二代”身份、民众怀疑出庭受审者系胡斌替身等因素而受到社会广泛关注，一时民愤四起，杭州市长亦称该事件骇人听闻要严惩，以致最终成为一个全国性的公共事件，全国各路专家还围绕该案召开了研讨会，〔1〕中央

〔1〕参见“杭州飙车撞死人案”专题，载新浪网：http://news.sina.com.cn/z/fjzbc/，最后访问日期：2016年11月6日。

电视台《新闻1+1》栏目也对其进行了专门报道和评论。[1] 从当时社会反应和媒体倾向来看，主流意见是对胡斌以危害公共安全罪加以严惩。不过，当时管辖此案一审的杭州市西湖区人民法院虽然注意到了法庭之外汹涌的民意，却并未受民意左右，而是按照交通肇事罪对胡斌定罪，并最终判处其三年有期徒刑。一审判决宣告后，被害人家属和社会公众认为判刑畸轻，被害方曾要求检察院抗诉未果，被告人亦不满判决但未上诉，故案件未至二审。

类似的案件还有刘涌案、许霆案等案件。不同于杭州飙车案，这两个案件的一审乃至二审均未对民意作出倾向性呼应，直到民意最终极化形成主流意见，才通过制度内的特别程序加以回应。在刘涌案中，民意在高级人民法院改判刘涌死缓之后形成了主流意见，最高人民法院通过提审改判刘涌死刑立即执行回应了主流民意；在许霆案中，其实民意自始至终都存在，但是该案的一审并未实质性回应民意，直到二审时，主流性的民意出现，才在经最高人民法院核准后通过在法定刑以下的量刑回应民意。从这些案件的审判过程，可以看到一种“循规蹈矩”的倾向，以及只有到了最后才愿意回应民意的观感。实际上，综观本章所列的民意案件，绝大部分案件都呈现出这种特点，即法院并不乐意一开始就与民意产生关联和纠缠，而是更愿意保持一定程度、一段时间的观望姿态。这一点即便在法院能动回应民意模式和政治依附模式中也有体现。因此可以肯定地认为，制度模式事实上是法院回应民意的首选模式和主流模式。

分析不难发现，民意回应的制度模式试图通过司法制度本身

---

〔1〕 参见白岩松：《生活不是电子游戏》，载新浪网：http://news.sina.com.cn/c/2009-05-15/003517816110_2.shtml，最后访问日期：2016年11月6日。

的审级(层级)效应和时间效应来回应民意,其依据可能在于:一方面,由于涉民意的刑事案件往往涉及公共政策乃至政治问题,而通过审级(层级)制度,由初审法院查明事实,上诉法院解决法律疑难问题,更高级别法院解决公共政策或者政治问题,是对司法能力和资源配置的合理应用,可以更好地实质性解决民意诉求中的政策乃至政治问题,如不按此制度逻辑推进,则不仅民意回应的效果可能差强人意,甚至可能引发不必要的政治责任承担。另一方面,民意本身具有非常强的不稳定性和极化效应,通过审级(层级)设置所附带的长时段、多环节过滤过程,有助于民意的沉淀、理性化以及共识或者主流民意诉求的形成,便于更高层级法院对民意的鉴别和吸纳。如初审法院一开始就大张旗鼓回应民意,可能陷入频繁"自打耳光"的尴尬境地,不利于法院的权威和公信力树立。此外,不得不注意的是,对于民意这类难以把握又关乎政策乃至政治的复杂问题,初审法院一般并不愿意也没有能力承担错误回应的责任,因此自然乐于逐级后推。

四、刑案民意回应的现实司法困境

从前一部分可以看到,当今中国法院在回应民意时,既充分地利用了现有法律中的制度资源,也发挥了法院的能动性,当然在许多时候也可能超越了法律。应当说,我们的法院、法官很少罔顾民意,而是在面对民意时足够的尽心尽力,并取得了一定的积极效果。但是不管如何,从回应效果来看,无论何种模式,似乎都并不足够理想。从某种意义上完全可以说,中国法院已经陷入民意回应的困境之中。

（一）法院民意回应的积极效果

尽管数量和比例可能并不高，但应当明确的是，无论采取或遵循何种模式，法院回应民意都取得了一些积极的效果。这种积极效果既有个案层面的，也有制度层面的，具体包括以下方面：

1. 个案层面的积极效果

（1）纠正了一些不合法、不合理的判决

这一点应当说是法院回应民意最明显也是最直接的积极效果。通过对民意的鉴别、接受以及建基于此的民意吸纳，一些不合法的冤假错案得以改判，一些不合理的裁判得了纠正。前者如近年来爆发的包括呼格吉勒图案、浙江叔侄案、佘祥林案、念斌案等一系列冤错案，相当程度上都属于因民意关注且法院对此予以回应而纠正冤案错案的典型例证。后者如刘涌案、李昌奎案、许霆案以及于欢案等，即属于法院回应民意纠正明显不合理判决的典型例证。在这些案件中，民意发挥了非常重要的作用，很大程度上可以说正是民众通过“雪亮的眼睛”质疑法律适用和案件事实的认定，以及监督司法权力的运行，才使案件被关注和重视。同时应当肯定的是，正是法院对这些民意的接受和回应，才使冤假错案或不合理判决得到纠正。

（2）避免了一些不合法、不合理的判决

这一点尽管并未受到足够的关注，但事实上，法院通过对民意的关注和回应，确实在一些个案中避免了不合法或不合理的裁判，防止了不必要的非议。这一点与纠正不合法、不合理裁判的不同之处在于，由于法院在一开始就关注民意并充分地考虑民意，冤案错案因此并未发生，而不合理裁判也被相当程度的避免。也正因如此，很难有此类情形的典型案例。但是这一点仍然可以从一些案件的侦查或起诉机关的行为同法院裁判存在较大差异中看出一点端倪。例如，邓玉娇案发生后，侦查机关迅即刑拘了邓玉娇，如果按照常规的刑事诉讼程序，考虑到该案发生在一个偏远地区的乡镇，邓玉娇很可能按照故意伤害罪被起诉、审判以及定罪，其被认定为具有“心境障碍”的精神疾病、属于防卫过当以及最终被免予刑事处罚的概率应当说并不大。但是由于民意反应强烈，以及法院一开始就注意到了相关的民意，因此在该案中，最终的判决并未出现明显的不合法或不合理之处。

2. 制度层面的积极效果

(1)部分判例成为指标性案例而具有了普遍意义

这里的所谓指标性案件，包括法院发布的指导性案例，以及法院虽然没有将其列为指导性案例，但在事实上具有准判例作用的案例。前者最典型的例子如鲍某某强奸猥亵儿童案、张德军见义勇为案，这两个案例均成为指导性案例，其中鲍某某强奸猥亵儿童案为全国性指导案例，张德军见义勇为案为四川省指导性案例。中国虽然不是判例法国家，但是指导性案例具有准判例的地位，一个案例一旦成为指导性案例，其即具备同类案件参考依据的作用，因此就具有了一定的普遍性制度意义。后者典型的例子如连恩青杀医案，此类案件虽然并未成为指导性案例而不具备准判例的地位，但是由于其全国性影响力以及背后的政治表态，此类案例即具有事实上的普遍性制度价值。

(2)一定程度上成了政治和社会的缓冲器

这可以说是一种意外的后果。本来民意中绝大部分仇官、仇权、仇富、仇黑仇恶等倾向的根源乃在于政治、经济和社会上的结构性病症，所以对此要进行政治改革、经济分配改革以及社会再造才是回应民意的关键(当然也包括司法改革，不过司法改革其实并不是最主要的)。但是在绝大部分个案中,法院事实上成了焦点所在,并成了这些矛盾碰撞的场域和情绪发泄的对象。无论法院是否回应、如何回应以及是否成功回应民意,法院都成了这些压力的第一直接承担者。一方面,如果法院成功回应了民意,则暂时缓和了相关的冲突和矛盾,相关的矛盾也得以暂时平息;另一方面,如果回应并不成功,则法院将不得不"代人受过",民意可能在针对法院发泄不满之后暂时归于平静,从而也在一定程度上缓冲了直接针对政治体制、经济制度和社会结构的不满乃至愤怒。

(二)法院回应民意的困境

尽管我国法院在刑案民意回应上取得了不小成就,并具有诸多积极的效果,但客观来说,其不足也是非常明显的,从其回应数量和负面效果来看,可以说其已经陷入相当程度的困境之中。

1. 回应比例不高:一个简单的推断

由于缺乏相关的统计,并且事实上也不可能存在相关的数据统计,对于法院回应民意案件的数量和比例,学界以及本书均无法给出一个确切的数据。一方面,对于实质上不符合民意但并未引起社会关注的案件(包括一些偏远地区的案件,如云南许霆案;还包括一些社会舆论忽略但事实上有违民意的案件),法院是否回应以及如何回应,几乎不可能得到相关数据;另一方面,即便有媒体关注以及舆论传播,但全国媒体数以千计,各种自媒体等则数以亿计,想要做统计也实属不可能。

不过尽管如此,笔者仍可以大胆推断,法院回应民意的案件数量比例不会很高。这种推断的依据有三个:一是媒体报道的一定是少数,多数都是媒体没有报道的,这符合新闻媒体的工作规律:只有最为突出的少数部分才可能被报道;二是最近二十年里法院工作负担极为沉重,其发挥能动性去回应民意,应当主要是基于考评竞争、维稳需要所作的努力,不可能成为法院的常规性工作;三是政治指示具有稀缺性,不可能只要有人申诉上访或者媒体一报道即进行指示,因此可以推断根据指示回应民意的也同样数量一定极为有限。正因如此,法院回应民意的三种模式,都不大可能是一种日常司法模式,因此其回应的数量和比例只可能维持在一个较低的水平,而不是相反。

2. 负面效果明显

随着时间的推移,当前法院回应民意的前述模式逐渐显现出诸多弊端,这些弊端既有个案层面的,也有制度层面的。

(1)个案层面的负面效果

个案层面的负面效果主要体现在两个方面:一是造成个别冤案与较大争议案件;二是损害被告人的公正审判权。

就造成个别冤案与较大争议案件而言,一方面,法院回应民意造成了个别冤案。这一点也是学界在批评法院回应民意时提到的最多的观点。不可否认,从事后的角度来看,法院在回应民意时确实造成了个别的冤案。典型的案例如佘祥林案。在该案中,法院迫于民意(被害人家属二百余人联名上书)以及政法委的压力判处佘祥林有罪并重判,虽然湖北省法院最终留了个口子(即因发现存在证据疑问而未判死刑),[1]但事后证明,法院这种基于民意的裁判是错误的,佘祥林经重审改判无罪。另一方面,法院回应民意造成个别争议较大的案件。这类案件中最典型的就是张金柱案,在该案中,由于媒体的报道、地方民意的汹涌以及政治人物的

---

[1] 参见戴昕:《冤案的认知维度与话语困境》,载苏力主编:《法律与社会科学》(第一卷),法律出版社2006年版。

批示，张金柱被判处了死刑并很快被执行。但是许多学者和媒体事后认为，张金柱其实罪不至死，是舆论杀了他，因此开始反思媒体的案件报道以及法院对民意的回应。[1] 当然，官方并未对此发表评论，更未承认张金柱罪不该杀。

上述两个方面的情形，如前所述，在很大程度上构成了学界和社会批评民意干扰司法和法院回应民意的重要支撑。笔者赞同学界的担忧，并因此认为法院应当慎重对待、鉴别和回应民意。不过值得注意的是，无论是法院回应民意所造成的冤案还是较大争议性案件，几乎都有三个特点：一是法院多基于地方而非全国性民意作出裁判；二是都有明确的政治指示；三是基本发生在互联网时代之前。这三个特点所内含的地方化民意、政治的明确指示以及口传和纸媒时代的民意之普遍性局限，在信息时代的当下中国均已大幅改变，因此未来此类情形当会大幅减少。

此外，就被告人公正审判权而言，众所周知，其乃是指"人人完全平等地有权由一个独立而无偏袒的法庭进行公正的和公开的审判，以确定他的权利和义务并判定对他提出的任何刑事指控"。尽管我国现行《刑事诉讼法》并未明确规定被告人享有公正审判权，但是作为现代法治的基本要求，同时也是《世界人权宣言》《公民权利和政治权利国际公约》的重要内容（该公约我国政府已经签署，只待全国人大通过），被告人的公正审判权应当得到尊

---

〔1〕 参见马长山：《媒体介入司法之"危险"与"忠诚"争议背后：重拾张金柱案》，载《社会科学研究》2014 年第 3 期。

重。[1] 在西方国家(如美国)甚至不惜以限制表达自由来保障被告的这一权利。[2] 在这种背景下,理论上法院应当采取措施规制媒体在审判之前的有偏见的报道,以避免媒体及舆论对被告人的公正审判权造成伤害。但是我国法院不仅没有对媒体的偏见性报道加以规制,相反还明确鼓励直接关注、回应民众的倾向性意见,这种明确鼓励的做法可以说不仅直接违背了国际公约的精神,也与法官的中立地位不符,在理论上无疑是成问题的。

(2)制度层面的负面效果

法院当前回应民意在制度层面的负面后果,主要体现为两个方面:一是司法权威受损;二是产生了某些系统性的意外之果。

司法权威受损主要包括以下三个方面的内容:

其一,司法因为法院裁判的改判而使权威受损。这主要针对判决作出之后,法院为回应民意而改判的情形。在这类案件中,由于法院受民意影响过于明显,人们对法院自身作出公正合理判决的能力表示怀疑,社会评价倾向于此类问题"如果没有民意,法院是不会改判的""幸好民众意见很大,否则又是一个冤案",典型的案例如刘涌案、李昌奎案等。其中,被改判的低级别法院的权威受损又最为严重,人们会认为低级别的法院裁判容易出错,因此倾向于不断上诉,甚至申诉至最高层级的法院。

其二,司法因为附属于政治而使权威受损。学界一般认为民

---

〔1〕《世界人权宣言》第10条规定:"人人完全平等地有权由一个独立而无偏袒的法庭进行公正和公开的审讯,以确认他的权利和义务并判定对他提出的任何刑事指控。"《公民权利和政治权利国家公约》第14条规定:"在判定对任何人提出的任何刑事指控或确定他在一件诉讼案件中的权利和义务时,人人有资格由一个依法设立的合格的、独立的和无偏倚的法庭进行公正的和公开的审讯。"

〔2〕张吉喜:《论美国刑事诉讼中表达自由权与公正审判权的平衡》,载《中国刑事法杂志》2009年第1期。

意影响司法独立，但实际上民意本身很难影响司法独立，影响司法独立的是政治人物因为民意所作出的指示或者进行的特点关注，以及法院对这种指示的遵从。法院的这种附属和服从行为，当然对法院的司法权威构成严重影响，社会可能并不认为法院自愿回应民意（包括改变错误或不合理的裁判），而认为党委政府才是决定性力量。这无疑进一步边缘化了司法在社会公众心中的地位，弱化了司法权威。

其三，一些非常规程序的使用，对司法权威有着不良影响。司法权威不仅建立在独立判断上，还建立在可以给予社会一个稳定的常规预期上。再审程序、法定刑以下量刑核准程序的应用，都是常规程序之外的特殊程序，这种特殊程序的使用，虽然也是一种制度出路并受到某些学者的赞赏，[1]但是实际上破坏了生效判决的稳定性，进而破坏了社会对司法的常规预期。如果频繁使用，将会打破人们对常规司法的预期，破坏法的安定性。

系统性的意外负面效果主要包括以下两个方面：

其一，逐渐造就了高级别法院的系统压力。这里高级别法院的系统压力是指由于低级别法院不再被信任，从而造成的疑难复杂案件上移而高级别法院负担加重的现象。这种案件上移的后果包括两种：一种是上诉率可能上升；另一种是申诉率、涉法信访数量的上升，而且这类申诉和信访可能直接是向最高层级的司法机关提出的。当然，这种上移暂时还缺乏数据支持，但是笔者认为案件上移的推论应当是成立的，因为既然人们对一审法院乃至生效判决的信任度降低，理论上人们更可能上诉、申诉乃至信访。

其二，跟随效应逐渐形成了较为严重的系统性压力。社会发

---

〔1〕 苏力：《法条主义、民意与难办案件》，载《中外法学》2009 年第 1 期。

现民意可以导致改判,民意可以实质性影响党委政府并进而影响法院,那么后续的个案中,案件的利益相关者甚至无关者可能会采取有意激起、制造民意乃至煽动民意的做法,从而给法院施加压力,以获得于己方有利的裁判或者从中获利。这一点在群体事件的发展过程中已经有非常明显的体现,当民众发现“会闹的孩子有奶吃”时,群体性事件事实上有所增加。在司法系统,这种有意激起、制造民意乃至煽动民意的做法同样很早就已兴起。例如,人们在遇到自认为不公时,并不愿意寻找制度内的途径解决,而是在网上发帖,在微信、微博诉冤,以及找记者、找媒体报道等,甚至出现了“律师不如记者,法院不如《焦点访谈》”的坊间说法。[1] 再如,一些制造、操纵民意的团伙开始出现(典型的如秦火火等),一些匿名的利益化“水军”开始活跃(如李某某强奸案中的互相攻击和对立的“水军”[2]),他们事实上是民意包括刑案民意的制造者乃至煽动者,对于部分刑事案件的裁判都曾产生过很大影响。

五、余论

从前述法院回应民意所采取的措施来看,为了回应民意,法院不惜按照政治指示办案、按照既有制度回应乃至自己想办法能动回应,可以说法院事实上能够采取的办法都用上了。但是,从效果来看,虽然确实纠正和避免了部分不合法、不合理的裁判,并从制度上构成了民众直接与政府冲突的缓冲地带,但是总体上的困境

---

〔1〕 徐迅:《中国媒体与司法关系现况评析》,载《法学研究》2001 年第 6 期。

〔2〕 参见陈有西:《李某案舆论已严重失真　背后水军不一般》,载凤凰网:http://news.ifeng.com/society/1/detail_2013_08/29/29117720_0.shtml,最后访问日期:2016 年 11 月 5 日。

也是非常明显的:不仅真正有效回应的广度非常有限,而且负面效果非常突出。情形何以如此？又如何解决？本书下一章将框架性地回答这一问题。

CHAPTER 04 >>

第四章

问题如何解决

——刑案民意诉讼内表达与回应的一个理论框架

实践表明，法院采取了多种模式回应民意，但是回应的效果并不理想，从而陷入了民意回应的困境。原因何在？又如何解决？对此，学界的回答事实上相当有限。有鉴于此，本书接下来的篇幅将聚焦于这两个问题。当然，本章的任务只是搭建一个基本的框架。

一、中国法院回应民意效果为何不佳：诉讼内民意表达和回应存在的问题

毫无疑问，法院回应民意效果不佳，与中国特殊的政治、社会乃至文化语境存在紧密关联，因此并不完全是法律制度和司法制度自身的问题，也不能完全怪罪于法院和法官。但是不容否认的是，法律特别是诉讼制度本身也不能完

全脱离干系，尤其是相关的程序性不足和缺失，可以说构成了法院民意回应效果不佳的主要技术原因。具体而言，这些程序性不足和缺乏包括：

（一）刑案民意的诉讼内表达机制存在缺陷

众所周知，法院和法官的理想状态是独立、中立、被动的裁判者，因此无论在什么时候，其都不应当被外界因素干扰，也原则上（当然有例外）不用自己亲自去获取案件信息。对于民意案件而言，法院或法官同样也应如此。但是，由于在中国现行法律体系和司法制度中，民意的诉讼内表达机制存在较为严重的缺陷，加之缺乏司法独立的制度保障，使法院或法官实际上很难保持被动、独立和中立，而不得不能动作为或依附于政治指示。具体而言：

一方面，诉讼内的民意表达程序渠道缺乏。我国刑事诉讼奉行的是比较狭窄的诉讼主体理论，除了刑事诉讼法明确规定的主体，即公检法机关、当事人、法定代理人、诉讼代理人、辩护人、证人、鉴定人和翻译人员、近亲属等有法定的程序参与刑事诉讼之外，其他利益相关者并无明确的渠道和机制表达诉求。比如，近亲属之外的亲属，证人之外的一般社会民众、社会组织等，即缺乏充分的意见表达渠道。在这种情形下，个人和组织不得不借助其他非法定的方式，如写联名信、集体请愿、找记者报道、网络传播、上访乃至群体性集会、非法暴力行为等进行利益和诉求的表达。

另一方面，既有的诉讼内民意表达程序存在不足。应当承认，我国刑事诉讼法中并非毫无相关主体的利益和诉求表达渠道，如新刑事诉讼法确定的刑事和解、未成年人犯罪量刑调查、附条件不起诉、社区矫正等，均照顾了家庭、社区等的关切。但是必须重视的是，这些既有渠道存在严重不足。比如，附条件不起诉、刑事和解、量刑的社会调查等虽然构成了民意诉求表达的重要制度化机制，但是立法却严格限定了其范围，使法定范围之外的附条件不起诉不被允许，而法定范围之外的和解和调查则存在不被认可的危险；[1]再如，当事人的近亲属、社区均有一定机会参与到刑事诉讼之中，但是从立法规定来看，这些主体基本上都被工具化为国家的协助者而非诉求的表达者。可以说，这些既有的制度化民意表达机制事实上是被阉割了的，并因此是功能残缺的。

上述民意表达机制存在的问题，对法院回应民意的影响是多方面的。其一，法院容易陷入被动。由于庭审并无民意相关的信息，或者信息量非常有限，法官在裁判时只能依照既有法律和证据裁判。而一旦裁判公开宣布，民意却由此汹涌而来，法院即陷入被动局面，有时甚至法院系统都陷入被动局面，不得不自我纠正乃至“自打耳光”。其二，为避免前述问题，法院不得不更加能动地去了解民意，在正式程序之外去获得和认知民意，这给法官造成了极大负担和风险。负担在于，法院从此必须两面作战，既要从事专业

---

〔1〕《刑事诉讼法》第268条规定：“公安机关、人民检察院、人民法院办理未成年人刑事案件，根据情况可以对未成年犯罪嫌疑人、被告人的成长经历、犯罪原因、监护教育等情况进行调查。”

第271条规定：“对于未成年人涉嫌刑法分则第四章、第五章、第六章规定的犯罪，可能判处一年有期徒刑以下刑罚，符合起诉条件，但有悔罪表现的，人民检察院可以作出附条件不起诉的决定。人民检察院在作出附条件不起诉的决定以前，应当听取公安机关、被害人的意见。机关要求复议、提请复核或者被害人申诉的，适用本法第一百七十五条、第一百七十六条的规定。”

第277条规定：“下列公诉案件，犯罪嫌疑人、被告人真诚悔罪，通过向被害人赔偿损失、赔礼道歉等方式获得被害人谅解，被害人自愿和解的，双方当事人可以和解：（一）因民间纠纷引起，涉嫌刑法分则第四章、第五章规定的犯罪案件，可能判处三年有期徒刑以下刑罚的；（二）除渎职犯罪以外的可能判处七年有期徒刑以下刑罚的过失犯罪案件。犯罪嫌疑人、被告人在五年以内曾经故意犯罪的，不适用本章规定的程序。”

化的庭审工作，还要随时关注社会信息的传播和流动；有时候不得不接受来自政治上因民意压力而进行的指示。风险在于，法院或法官的消极性和被动性被损害，中立性可能受到怀疑；法官因为接受外部的民意信息尤其是政治指示，其独立性和权威性会受到怀疑。其三，民意信息的非特定化、非正式化、非固定性给法官识别民意、吸纳民意造成了困难。法官并非社会信息方面的行家，他（她）只对符合法定形式的证据材料有专业能力。法庭之外的信息主体不特定、形式不规范、内容变动不居，法官难以把握，更无从吸纳。

（二）刑案民意的诉讼内识别、回应的制度化机制存在不足

如前所述，法官只是法律适用包括证据判断方面的专业人员，并非社会信息方面的行家，因此对于民意的回应，不应对法官期望过高，而应当首先寄望于制度化的诉讼内机制。但是在我国，由于相关程序制度存在不足，使民意的回应过度依赖于法官而不是诉讼制度，这给法官造成巨大压力。

第一，没有一个系统性的诉讼内民意识别、应对机制。民意的特点决定了其并不稳定。法院要保持其被动性和中立性，要掌握主动权，就必须有足够的时间、机会去了解民意，并有相应的机制应对这种不稳定性。我国现行法律规定的二审终审制度、审限制度以及违宪审查制度的缺乏，一方面没有给予民意充分的时间去沉淀和理性化，另一方面也未给法院系统一个应对民意变化的常态化、可预期的多层级纠正机制。这使许多卷入民意旋涡的案件最终不得不采取并不常规的程序倒流性的再审程序，甚至不得不诉诸极少使用的特殊程序（如法定刑以下量刑核准程序、最高人民法院的提审等）加以解决。这不仅削弱了法院判决的稳定性，

让法院权威扫地,也加大了低级别法院回应民意的压力(他们必须在短时间内对民意有充分的把握并精准地回应),同时也给高级别法院特别是最高人民法院带来预期外的负担。

第二,庭审程序的民意回应功能未能很好发挥。抛开是否吸纳民意这一结果不论,程序本身具有助益于民意回应的功能,这一点已经在第二章作了讨论。然而,我国现行法律中,由于各方参与度不够、庭审的非言辞化、非直接化、非实质化、外行审判流于形式等问题,使得通过程序化解不满的功能没有很好地发挥。一方面,相关各方无法真正地仅通过庭审的言辞举证、质证和辩论"摆事实、讲道理",意见表达不够充分;另一方面,各方无法在法庭上互相说服,法官无法通过庭审指明是非曲直,旁听者亦无从通过旁听感知公正。如此,则"功夫在庭外",程序的理性化、作茧自缚效应无从发挥,相反"暗箱操作""幕后关系操作"成为滋生民众怀疑、不满的口实。

(三)法官的司法技术应用存在问题

尽管制度化的程序机制乃是民意回应的主导,但是法官在刑事诉讼内的技术化操作因素不可忽略。实际上,在其职业能力范围之内,法官仍然能够从事许多技术性工作,以润滑、软化乃至引导民意。然而在我国,由于法官庭审指挥的不中立、法律释明的不充分、判决理由的粗制滥造,加上一些法官能力不够、经验不足,尤其是不少年轻法官缺乏足够的社会经验,对于民意不够敏感,一些简单的程序技术都存在应用失当的问题,从而造成本应取得较好民意回应效果的判决竟然变得争议四起。

第一,法官的庭审指挥并不完全中立。一个中立的法官对于当事人和社会对法院判决的认同非常重要。然而,中国的法官并不能完全做到这一点，这集中体现在庭审指挥之中。一方面，压制、打断辩护律师的发言，呵斥甚至威胁被告人，在实践中并不少见。另一方面，允许检察官“俭省陈词”、帮助检察官补充发问、做有利于控方的庭审指挥等，可以说也是经常发生。在这种并不完全中立的庭审指挥下，无论对于当事人还是旁听的社会民众，要认同其判决当属难事。[1]

第二，法庭释明和判决说理均不充分。这里的法庭释明主要是指法官对于一些专业术语和权利义务的释明。比如，回避，许多当事人以及民众并不明白回避的含义；再如，最后陈述，被告人往往不知道说什么，或者一开口即被法官打断。这些术语和权利都需要法官释明。但是我国的刑事法官往往忽视释明问题，这无疑容易给当事人和旁听者造成疑惑。这里的判决说理，既包括证据层面的说理，也包括法律适用的说理，只有证据达到定罪量刑的证明标准，法律论证充分，裁判方容易被接受。不过我国的刑事判决书以短小粗放闻名，无论证据说理还是法律适用说理均极为不充分，[2]这对民意的回应无疑绝非幸事。如刘涌案、李昌奎案等，案件本身均极为简单，然而由于程序技术的应用失当，相当程度上（当然并非完全）导致了各种猜测和争议。

此外，由于多年来倡导年轻化和职业化，我国的法官法对法官任职的要求并不高，而且基层人民法院、中级人民法院、高级人民法院和最高人民法院并无明确的区别性要求，这使得不少年纪不

---

〔1〕 关于这一点，参见肖仕卫：《刑事判决是如何形成的？——以S省C区法院实践为中心的考察》，中国检察出版社2009年版，第35～37页。

〔2〕 参见洪凌啸：《刑事判决说理机制实证研究——基于最高院六个指导案例的视角》，载《学术探索》2014年第2期；陈盛：《刑事判决中证据说理问题的实证分析》，载《法律方法》2015年第1期。

大、缺乏社会经验和法律经验的年轻法官不仅成为基层一线办案人员，而且成为高级别乃至最高人民法院的一线办案人员。这些社会和法律经验均不足、年龄较小的法官，除了“压不住场子”，对于民意的敏感度严重不足之外，对一些简单的程序技术的应用都可能失当，从而容易造成社会不满和社会质疑。

二、法治发达国家法院为何不存在明显的民意困境：一些诉讼程序技术的功用

一般认为，西方法治发达国家的法院并不存在明显的民意困境。之所以如此，固然有着民主政治、社会结构等深层次的原因，但不容忽视的是其中一些诉讼程序技术的作用。这些技术，既包括相关各方的利益和诉求表达渠道层面的，也包括民意的制度吸纳层面的，还有司法官员司法技术层面的。

（一）法治发达国家的诉讼内民意表达程序

虽然与中国民意案件的特点和根源存在很大区别，甚至相关制度的建立可能并无特别的便于民意表达之目的，但在客观上，西方法治发达国家的一些制度做法确实有利于民意的表达。这些制度做法主要包括：

1. 被害人影响陈述

被害人影响陈述是指被害人就犯罪对其身体、精神、经济等方面造成的影响作出全面陈述，从而为法庭量刑提供参考。作为英美法系国家量刑程序中的一项重要制度，其最早为澳大利亚立法所确立，随后为英美法系国家普遍采用，如今已在传统大陆法系国家或受大陆法系影响很大的日本、荷兰等国家扎根，有望成为全球

刑事诉讼发展的一大趋势。此外,随着对被害人外延理解的深入,作为特殊受害人的社区及其影响陈述(community impact statement, CIS)也引起了美国、加拿大等国家立法的重视,受到犯罪行为影响的社区民众可以就犯罪行为对其在经济、心理或其他方面产生的影响以书面或口头的形式向法庭陈述。[1]

从世界各国的实践来看,被害人影响陈述(含社区影响陈述)具有非常重要的法律与社会价值。一方面,其为被害人诉求的表达提供了制度通道。在此制度下,国家不仅将对被害人的关注范围从被害人遭受到的身体、物质等有形损害扩及诸如被害人精神、心理损伤等无形范畴,而且还赋予被害人用自己语言描述这些犯罪影响的权利。[2] 另一方面,其为法官准确裁判和体察民情民意提供了重要的信息来源。被害人影响陈述从个体角度具体、生动地反映了犯罪的背景及其危害性,有利于法官科学、全面、合理地评估犯罪,从而为刑罚的准确适用、合理量刑奠定了基础。从民意回应的角度来讲,被害人影响陈述前述两方面的价值,既有利于潜在民意的表达,也有利于可能的民意制度回应,因此值得给予特别的重视。

2. 恢复性司法

恢复性司法是西方国家反思传统刑事司法的产物,其是指与某一特定的犯罪行为有利害关系的各方会聚在一起,共同解决如何处理犯罪后果及其对未来的影响问题的过程。其强调的是为那些与犯罪之间有着重要关系的个体(特别是犯罪人和被害人及其

---

〔1〕 张吉喜:《论社区影响陈述制度》,载《南京大学法律评论》(2015 年第 2 辑),法律出版社 2015 年版。

〔2〕 康黎:《英美法系国家的“被害人影响陈述”制度》,载《人民法院报》2012 年 4 月 6 日。

家庭、社区)创造一个参与问题解决的空间;要求从个体的社会环境背景来考察犯罪问题,寻找犯罪的原因和对策;提倡一种前瞻性(或者说预防性)的解决问题思路,认为对犯罪问题的处理不仅要回顾过去已经发生的犯罪事实,更要前瞻犯罪问题的处理与未来之间的关系,鼓励犯罪问题处理实践中的机动性和灵活性,反对当前司法体制的刻板和封闭。[1]

从民意表达的角度来讲,恢复性司法为与犯罪相关的各方,包括当事人及其家庭、社区、某些中介组织发表针对犯罪的看法提供了渠道和平台:犯罪对被害人及其家庭的影响得到充分的体认,被告人的回归社会愿望有机会获得认可,社会组织(包括社区、调解组织等)也有机会从集体安全、集体需要的角度发表意见和影响案件处理。因此,恢复性司法被公认为是被害人保护的重要制度,也是社会(社区)参与刑事司法的重要途径。

3.“法庭之友”制度

“法庭之友”制度是英美法系国家的重要社会参与刑事司法的制度,是指在诉讼案件中,没有直接涉及法律利益的私人或团体,基于向法院说明其对该案件相关法律争议上的意见、澄清立法意旨、厘清模糊的法律规定、通知法院关于案件事实的真实情况等目的,主动向法院提出书面报告,以协助法院更公正地作出裁决的制度。在美国,政府、个人、社会组织、利益集团或外国政府都可以作为“法庭之友”,其中以非政府组织和利益集团作为“法庭之友”的情形较为常见。

从民意表达的角度来讲,“法庭之友”制度为社会上与案件没

[1] 刘方权:《恢复性司法:一个概念性框架》,载《山东警察学院学报》2005年第1期。

有直接法律利害关系的个人或组织提供了意见表达的机会。正如学者所指出的，其通过为司法审判提供所需的证据事实和法律意见，凝练了富有代表性的民意并将其表达于法庭，拉近了司法和民众的距离；法院引用“法庭之友”陈述的内容或适度吸纳主流民意，有利于社会情绪在法律框架内及时得到疏通，起到引导社会价值观和道德观的作用，也更容易使司法获得民众的支持和认同。[1]

4. 量刑前报告制度

现代量刑前报告制度起源于波士顿的一名鞋匠奥古斯塔斯（John Augustus）的做法。奥古斯塔斯认为，法律的目标是改造罪犯和预防犯罪，而不是蓄意惩罚或者以牙还牙。为了救赎他想要提供帮助的罪犯，奥古斯塔斯会主动收集罪犯的被告经历和犯罪经历方面的背景信息，如果被告人被定罪，他会在量刑听证中向法官提供被保释人员行为表现的详细报告。[2] 这个报告就是现代量刑前报告的雏形。

现代量刑前报告一般由缓刑官调查和制作，报告一般由以下内容组成：犯罪事实、先前犯罪记录、被告人陈述、被害人陈述、犯罪记录、被告人的社会经历、可适用的法庭规则、缓刑官的结论和量刑建议等。报告中的这些信息供法官量刑时参考。由于报告的信息来源既包括与被告人的谈话、与被告人的家庭成员、亲朋好友等的接触以及特殊情况下与被告人之前的缓刑官的交流等，也包括被告人的医疗记录、雇用记录、社会服务部门的记录、学校记录

---

〔1〕 刘仁文：《“法庭之友”：司法吸纳民意的好帮手》，载《北京日报》2015年3月23日，第18版。

〔2〕 胡红军、李昌盛：《美国量刑前调查报告的历史发展》，载《人民法院报》2013年6月28日，第08版。

乃至银行记录、实验室出具的关于毒品重量的报告等内容,[1]因此客观上构成了社会中相关个体和组织发表意见、表达看法的重要制度通道。

(二)法治发达国家的诉讼内民意吸纳机制

西方法治发达国家虽然并不直接宣称法官应否回应民意,但是其诸多程序制度的安排,却都在客观上有利于民意在诉讼内的制度性吸纳。当然,也正因为此,本书不可能穷尽国外所有相关的制度,而只能择其要者介绍审级制度、违宪审查制度和陪审团制度及其各自对民意的制度化吸纳之功用。

1. 审级与审限制度

西方法治发达国家的审级制度有三个特点:一是除了极少数幅员较小的国家,绝大部分国家都采取三审终审制,即一审案件当事人不服二审法院对其上诉案件作出的判决,可在一定期限内请求第三审法院对该案进行第三审的一种特别的审级制度。二是初审和上诉审分工的制度,即初审法院负责事实认定和通常的法律适用,而上诉审只负责法律审,第三审则仅负责重大法律问题的审理。三是各个审级的审判一般都没有审限的限制,即法院可以自行决定案件多久审完,尽管要受到效率原则的软约束。

从民意回应的角度来看,西方法治发达国家的审级制度在客观上都有利于民意的回应和吸纳。一方面,由于采取三审终审,以及各个审级一般都没有审限,法院有着足够的时间让民意冷却、沉淀和理性化,从而进行识别、吸纳;另一方面,初审法院和上诉法院、第三审法院的明确分工有利于民意案件中所蕴含的法律问题

---

[1] 陈瑞华:《论量刑信息的调查》,载《法学家》2010 年第 2 期。

的回应,因为如此则一审将侧重于民意信息的收集,二审、三审则在此基础上专门致力于民意所蕴含的法律和政策之检视和评估。

2. 违宪审查制度

西方法治发达国家普遍建立了违宪审查制度。违宪审查为公民提供了常规法律救济之外的终极性的救济方案,并为制衡权力提供了强大武器。公民可以借违宪审查监督行政部门或立法部门所立的法案、命令,基于其违反宪法而宣告其无效(大陆法系)或者径行决定在个案中不适用该违宪法案(英美法系)。通过违宪审查制度,不仅个人的权利得到最后的保障,而且行政和立法权也得到强有力制约。尽管不同的国家在具体的违宪审查制度安排上会有所区别,但是无论采取何种具体的制度安排,其权利救济和权力制约的功能都是基本一致的。

从民意回应的角度来看,由于违宪审查所具有的终极效力,其客观上为民意的最终吸纳提供了制度化通道。一方面,社会如果对法院的裁判不满,可以通过违宪审查机制直达最高(司法)权力表达不满且有机会改变个案结果;另一方面也是更为重要的是,通过违宪审查,人们有机会使民意所内含的公共政策价值乃至普遍性的规则价值获得终极评估的机会,进而推翻个案赖以为基的"恶法"直至确立良善的法律。

3. 外行法官制度

域外一些国家部分的为了体现司法民主,部分的基于传统,外行法官制度得到普遍采用。所谓外行法官,顾名思义就是让非法律专业出身的普通公民担任法官。在欧美,外行法官可以分为三类:第一类是治安法官,这类法官由不具备职业法官资格的普通公民担任,以兼职方式到法院就特定种类的案件大致独立地进行审判。这一类法官在英国、美国、澳大利亚、瑞士等国均有采用,其中以英国为典型。第二类是陪审法官，这类法官由不具备职业法官资格的普通公民担任，与职业法官同职同权共同审判，是大陆法系国家采用较多的一种司法民主形式。第三类是陪审团，陪审团由一定数量的普通公民组成，负责刑事案件的定罪，并负责作出是否判处死刑的判决，其余量刑活动则由职业法官负责。陪审团制度是英美法系国家一项独特的民众参与裁判制度。需要注意的是，无论是陪审法官还是陪审团，两类外行法官都具有实质性的审判权，并非"陪衬"，在这个意义上，汉译"陪审"二字似乎有失严谨。〔1〕

外行法官制度是民主在刑事司法领域的集中体现，其对于民意回应的制度意义在于：其一，赋予审判以同侪审判的制度特点，形成人民审判人民的仪式和想象，增强司法的认同，这一点在三种外行审判制度类型中都有体现，只是程度深浅略有不同；其二，外行法官有着一般人、普通人的价值观念和朴素的正义观念，有助于将社会价值观念包括民意带入决策过程，或者虽然不能带入民意，却可能因为与市民社会的天然亲和性而更可能识别、吸纳合理的民意；其三，外行法官的民主属性，使得无论外行法官是否真的反映、吸纳了民意，人们在某种程度上似乎都更愿意接受裁判结果，其根源就在于民主程序对结果的正当化功能。

（三）法治发达国家客观上有助于民意回应的司法技术

域外国家对司法技术的纯熟应用常常受到学界称道。许多案

---

〔1〕 实际上，早有翻译学者对"Jury""Juror"的翻译提出质疑，认为将之翻译为"陪审团""陪审"不仅没有较准确地译出该制度的本质特征，没有译出其真实含义，而且有误导之虞。参见胡兆云：《晚清以来jury、juror汉译考察与辨误》，载《外语与外语教学》2009年第1期。

例以及办案法官即因司法技术的出色应用而闻名。如马歇尔在马伯里诉麦迪逊案中的精妙技艺即已经成为经典。法治发达国家由于法治成熟度较高，法官的司法技术相当发达，关于法学方法论的研究也极为精致，[1]诸多司法技术可谓琳琅满目。毫无疑问，法学方法的精巧应用对于民意的识别、吸纳和回应意义重大，不过这里主要强调其另外三大司法技术及其应用，即法官造法、遵循先例和判决说理技术。

1. 法官造法

众所周知，立法难免存在滞后性和局限性，因此立法之中总是存在一些“漏洞”或者“空白”。在国外，法律漏洞或空白的存在，既给法官司法带来了困难，也为法官造法提供了机会。西方国家大都一定程度的鼓励法官发挥自己的主观能动性和自由裁量权，结合具体案件的具体情况发现法的规律、实现法的精神、维护社会生活中的公平与正义，这就是法官造法。[2] 法官造法当然不是凭空捏造，而是有其外部支撑，这种支撑既可以是道德规范主张，也可以是政策主张和习惯主张。在许多情况下，刑事案件中的民意往往意味着立法的某些规范性“漏洞”或“空白”。在允许和鼓励法官造法的背景下，法官在遇到这些规范性难题时，就可以为民意案件的解决找到突破口，并事实上创制新的规则(或判例)。

2. 遵循先例

基于“在同等条件下，所有人必须恰当地受到同等对待”的信条，遵循先例成为英美法系最为重要的核心制度之一。通常认为，

〔1〕 参见[德]卡尔·拉伦茨：《法学方法论》，陈爱娥译，商务印书馆2003年版。

〔2〕 何家弘：《论法官造法》，载《法学家》2003年第5期。

这种同等对待的要求有助于限制偏见和武断,并允许当事人在某种程度上可以确定地信赖法律对于先前类似案件的处理。除此之外,遵循先例也是效率的体现,因为对于类似案件无须从头开始推理论证。[1] 从民意回应的角度来讲,遵循先例为民意回应提供了足够的灵活性,法官可以从浩繁的判例中寻找类似案件并据此作出有利于民意回应的判决。

3. 判决说理

在法治发达国家,对判决进行说理被认为是理所当然的事情。因为但凡将法律的权威建立在理性而不是强权之上,则必须"以理服人",因此作为法律适用之"现场"的司法判决也必须依赖严谨、精细、雄辩的法律说理才能为法律争议的解决提供"触手可及"的正当性。不过,判决说理作为一项司法技术,在不同的法律传统下有着不同的展现。相对于大陆法国家"短小精悍"的法律文书而言,判例法国家的判决意见书常常是洋洋洒洒数万言。[2] 从民意的角度来讲,无论何种方式,判决说理都有着重要意义:一方面,其无论是否专门针对民意,只要以理服人,即有增强判决的社会可接受性之功效;另一方面,如其专门针对民意,则其对与民意有关的法律原则、规则进行的解说、分析、批判,对有关公共政策和基本价值进行的阐发和讨论,对于民意最终是否被法律规范所认可有着决定性意义。此外,不容忽视的是,即便个案中的民意意见在判决中未被法律规范所认可,但针对该民意所作的阐释和说理,在未来仍有可能得到重视(尤其在宪法判例层面,以及在英美

〔1〕 余高能:《美国判例法的运作机制》,载《西安电子科技大学学报》(社会科学版)2007 年第 4 期。

〔2〕 秦前红:《说理的智慧》,载《中国刑事法杂志》2012 年第 3 期。

法系国家),从而在某种程度上延长了民意的生命力。

当然,无论是遵循先例还是判决说理的技术,都对法官专业和经验要求较高,因此高素质的法官职业群体就非常重要。在法治发达国家,由于较为完善的法官选拔机制和晋升机制,通常较高级别的法官年龄都较大,法律知识和社会经验都较丰富,甚至其他学科的知识也有涉猎(美国最高法院的大法官,甚至一些巡回上诉法院的法官都具备较为丰富的交叉学科知识,如卡多佐、波斯纳等),这都为法官寻找合适的先例和恰当的说理奠定了主体前提。

三、认知开放与运作封闭:刑案民意诉讼内表达与回应的一个基本框架

中国刑事诉讼尤其是法院在回应民意上陷入困境,很大程度上是因为诉讼内部的程序制度和技术存在问题,而国外相应的程序制度和技术较为完善和发达,民意困境即基本不存在。如果按照传统的移植模式,要解决中国刑事诉讼尤其是法院民意回应的困境,学习国外成功做法即可。不过,笔者认为这样的经验并不完全可靠,还必须找出国内外民意回应背后的深层逻辑,方可决定是否借鉴相关成功做法。

(一)刑事程序的封闭与开放:国内外民意回应的深层差异

如果脱离细枝末节的牵绊,从社会学家卢曼的系统功能理论出发对国内外民意回应进行审视,不难发现,中外之别,实在于刑事程序在运作封闭和认知开放度上的区别。概言之,中国的刑事程序的运作既不封闭认知亦不开放,而法治发达国家的刑事程序则相当程度地实现了既运作封闭又认知开放。清晰起见,下文将

据卢曼的功能理论专门对此处封闭/开放的功能结构作一简单说明。

在卢曼那里，现代社会是一个高度功能分化的社会，法律、政治、经济、科学、宗教、教育等独立社会功能次系统均有各自特定的、不可替代的功能。[1] 据此，法律的功能——稳定规范性预期——自然不能由政治、经济、宗教等系统的功能所替代。正是这种不可替代性，赋予现代法律以自主性。那么这种自主性或者说区分是如何可能的呢？卢曼认为，是通过合法/非法的二元符码实现的，即任何信息，在法律系统中都要被这一组符码所编码，从而产出合法或非法的评价。立法和司法活动的重要职责，就是通过立法和司法的程序与技术，确定、贯彻并应用好这一对符码。如此，法律即成为一个在运作上封闭的系统。[2]

不过，法律虽然在运作上封闭，却只是一个"自主但不自足"的系统，其需要在认知上对其他系统保持开放，因为立法和司法二元化处理的素材，必然来自于其他系统（环境），如果法律在认知上自绝于其他系统（环境），则法律系统及其功能将无存在的必要。只是，任何其他系统（环境）的素材，都必须按照法律的合法/非法编码程序进入法律系统。用卢曼的系统沟通来讲，即只有采取这一符码形式的沟通才是能够被法律所识别的沟通，从而成为法律沟通（最典型和简单的例子，证据有着法定的形式要求，否则就不具有证据资格而不能成为证据）。因此在卢曼这里，法律的运作封闭性不能被理解为认知开放性的对立面，而应被理解为认

〔1〕 卢曼：《社会的法律》，郑伊倩译，人民出版社 2009 年版，第 293 ~ 294 页。

〔2〕 卢曼：《社会的法律》，郑伊倩译，人民出版社 2009 年版，第二章"法律系统运作的自成一体性"。

知开放性的条件。换言之,法律同时是封闭和开放的:就规范只能从规范中获得这一点来说,它是封闭的;就认知的观点上看,它又是对环境开放的。[1]

然而,在笔者看来,法律既保持运作封闭性又保持认知开放性其实是个理想类型,并非所有的法律天然的就具有这样的特点,对此卢曼也承认,"法律的严格二值符码化,一开始看起来仅具有极低的或然性"。[2] 实际上,法律要想靠近这一理想类型,就必须满足一些基本的条件:法律程序尽可能对其他系统(环境)开放(当然是通过一种法律规定的方式开放),相关的程序制度和司法技术足够精细以便能够对其他系统(环境)进行编码和转换。从刑事诉讼法的角度来讲,也就是说,必须通过程序性制度建设,将其他系统(环境)中与刑事案件相关的部分内化为法律话语,尤其是将与案件处理利益相关者的诉求转化为法律上的诉求,然后应用刑事诉讼的程序制度和司法技术进行合法/非法的评价和处理。

以上述条件为标准来审视国内外刑事诉讼应对民意的制度实践,不难发现,西方法治发达国家通过利益表达程序、制度吸纳机制以及司法技术,客观上实现了对绝大部分案件利益相关者诉求——这些诉求往往是民意的起点——的法律化收编,并在此基础上进行了法律化处理,因此具有较高程度的认知开放性和运作封闭性;而中国由于这些程序制度和司法技术的缺失或不足,导致绝大部分当事人之外的刑事案件利益相关者的诉求基本游离于刑

---

〔1〕 刘艺:《封闭与开放:论行政与行政法关系的两重维度》,载《南京社会科学》2013年第5期。

〔2〕 [德]George Kneer、Armin Nassehi:《卢曼社会系统理论导引》,鲁贵显译,台北,巨流图书公司1998年版,第198页。转引自刘艺:《封闭与开放:论行政与行政法关系的两重维度》,载《南京社会科学》2013年第5期。

事诉讼之外，且无法、也缺乏相应的制度能力进行法律化处理，最终使得司法成为政治的附属，因此仅具有很低程度的认知开放性和运作封闭性。正因如此，西方法治发达国家的法院很少陷入所谓民意困境，而中国法院则长期深陷其中难以自拔。

（二）建立认知开放、运作封闭的诉讼内民意回应体系

从前述讨论来看，如果卢曼的系统理论有着足够的解释力和合理性的话，那么就非常有必要从运作封闭和认知开放的层面考虑重构中国的刑事诉讼民意回应体系。问题在于，如何重构？当然，在此理论指引之下，国外的成功做法也是重要的参考资源，但是不会是不加反思的照搬；同时，中国民众和司法行动者的创新也将是重要的制度建设来源。

1. 建立认知开放的刑事诉讼体系：利益相关者及其利益的诉讼内表达

要建立认知开放的刑事诉讼体系，首先必须引入一个前文已经提及的重要概念——利益相关者。利益相关者这一概念是作为组织研究的一部分出现的，其始于斯坦福研究所的一份内部工作报告，该报告将利益相关者定义为“没有其支持则可能致使组织无法存续的团体”。[1] 此后利益相关者受到管理学、政治学等其他学科的高度重视，其外延也不再局限于团体，弗里曼给利益相关者的定义即为“能够影响一个组织目标的实现，或者受到一个组织实现其目标过程影响的所有个体和群体”。[2] 就本书而言，利

---

〔1〕 程金华：《中国司法改革的利益相关者》，载《北大法律评论》2014 年第 2 辑。

〔2〕 Freeman R. Edward, *Strategic Management: A Stakeholder Approach*, Pitman Publishing Inc., 1984.

益相关者概念的意义在于，其有助于打破刑事诉讼主体理论的狭隘视野，将社会环境中与案件存在利益关系的主体都纳入刑事诉讼轨道之内。

在引入利益相关者概念之后，接下来就是厘清刑事诉讼中有哪些利益相关者。毫无疑问，刑事诉讼中的控辩双方以及被害人是最直接和核心的利益相关者。但是从民意回应的角度来讲，显然刑事诉讼的利益相关者不应局限于此类核心主体。笔者认为，在我国至少还应当考虑将以下个人或组织纳入刑事诉讼的利益相关者范围：一是被告人、被害人的亲属。这里的亲属不应当限于刑事诉讼中的近亲属概念，而至少应当扩大至民事诉讼法中的近亲属范围。二是社区。社区不仅是犯罪行为事实上直接侵犯的重要对象，而且也是被告人回归社会后的受影响方。三是相关的机关或组织。对于利益相关者中的利益不宜作限于“私利”或者区域化的理解，而应当包括公共利益。正因如此，除了公检法机关之外的相关政府机关或者公共利益组织，可以出于公益的需要而成为利益相关者。四是媒体。媒体作为监督司法运作的重要力量，同时也是公益的保护神之一，其可以在一定条件下成为刑事诉讼的利益相关者。五是一般的社会公民。只要是出于公益的目的，都应当将民众作为刑事诉讼的利益相关者加以考虑。

在确定刑事诉讼的利益相关者之后，下一步的工作就是在刑事诉讼体系内为这些利益相关者构建诉求和意见的表达机制，以确保刑事诉讼对这些利益相关者的诉求保持认知开放。因此，除了当事人的情理类表达，对被告人或被害人的家属、被告人所在的社区、相关的政府机关或公益组织、媒体以及普通的公民，刑事诉讼法都应进行适当的程序安排，确保这些主体有机会通过这些程序表达诉求和关切。当然，利益相关者也有核心利益相关者和边缘利益相关者的类型区分,因此可以根据不同利益相关者的利益相关程度的不同,构建他们各自不同的程序表达机制,规范其参与的广度和深度。

2. 建立运作封闭的刑事诉讼体系:诉讼内民意回应的程序制度与司法技术

在卢曼那里,法律运作的封闭性主要是通过合法/非法这一组二元符码的运作实现的。毫无疑问,合法/非法的符码是法律区别于其他功能系统的核心所在,但是法律自身运作的封闭性,却非合法/非法二元符码所能独立承担。实际上,围绕合法/非法的符码运作,一系列的程序制度和程序技术必须建立起来,否则合法/非法的符码运作将只能是空中楼阁。

具体来说,一方面,需要对利益相关者及其利益表达作相应的程序规范。为了确保利益相关者的利益表达的真实性、合法性和关联性以及避免表达的混乱,需要对表达的主体、表达的方式、表达的时间、表达的手续、表达者的权利义务等方面加以规范,为合法/非法的二元判断提供前提。另一方面,需要对利益表达的审查认定作程序性规定。为了确保法官对利益表达审查认定的合法性和有效性,必须对法官的权力、义务、审查认定的方式、标准、时间等方面加以明确规定,为合法/非法的二元判断提供依据。

更重要同时也是与本书民意主题关联性更强的是,对于一些可能给合法/非法的符码运作带来"麻烦"和"难题"的利益表达,需要一系列的程序制度和技术加以应对和解决。这里的"麻烦"和"难题",是指法官无法通过简单的审查认定解决的利益表达和诉求,包括对法官审查认定的某些方面进行挑战或不服从,如认为裁判结果或过程不公、认为裁判者不适格、认为裁判依据违宪等,从而给合法/非法的判定带来困难的行为。对于这些问题,需要包括管辖制度、回避制度、审级（上诉）制度、违宪审查制度以及法官的解释技术、推理技术、说理技术和修辞技术等在内的程序性制度和司法技术加以解决，从而确保针对法官裁判的挑战能够在法律系统内解决，进而保证刑事诉讼体系的运作封闭性和自主性。

四、结语

前述考察和分析表明，比较国内外刑事诉讼中法院应对民意的不同实践和经验其成败的深层根源在于刑事诉讼的认知开放程度和运作封闭程度。因此，要解决中国刑事诉讼当前遇到的民意困境，必须建立认知足够开放同时运作足够封闭的刑事诉讼体系。毫无疑问，这样的体系建设绝非本章所能解决，而需要更多的篇幅针对每一个具体问题展开讨论。对此，本书后面的章节将予以解决。这里想要强调的是，后面的章节涉及的某些制度可能同时与刑事诉讼的认知开放和运作封闭相关（如陪审制度），但是笔者为了论述上的便利和逻辑上的顺畅，将只侧重其中一个主要的方面。

第二部分

刑案民意的诉讼内表达

CHAPTER 05 >>

第五章

刑事诉讼内当事人亲属利益表达与保护机制研究

长期以来，我国刑事诉讼研究多以被追诉者利益为中心展开，近年来被害人的利益也逐渐得到关注，但是与被告人、被害人利益直接相关的被告人、被害人亲属的利益表达和保护问题却没有受到应有的重视。从近年来发生的诸如“曾成杰刑前女儿未见最后一面事件”“梦鸽护子打官司”、药家鑫判处死刑、李昌奎改判死刑等案件，以及诸多冤假错案的平反昭雪来看，被告人、被害人的亲属在案件处理过程中发挥着至关重要的作用，对于民意的激发、传播更是有着原点、支点性作用。有鉴于此，非常有必要从刑事诉讼制度层面关注被告人、被害人亲属的利益表达和保护机制。

一、被告人、被害人亲属利益表达与保护的理论基础

关于被告人、被害人亲属利益表达与保护,法学界也曾有论者涉及,但对于被告人、被害人亲属利益表达与保护的理论基础这一基本问题,却未曾深入追究。笔者认为,被告人、被害人亲属利益表达与保护至少有如下三大理论基础。

(一)家庭保护理论

家庭作为社会的基本单元,受到世界各国法律尤其是宪法的明确保护。世界主要国家的宪法都明文或者通过宪法判例保护家庭,如《德国基本法》第6条即明确规定“婚姻与家庭应受国家之特别保护”,而美国则通过宪法判例保护家庭。[1] 此外,《世界人权宣言》《公民权利和政治权利国际公约》都明确规定,“家庭是社会的基本单元,应受社会及国家的保护”。我国《宪法》第二章第49条明文规定“婚姻、家庭、母亲和儿童受国家的保护”。综观各国宪法、国际文件和我国宪法规定,家庭都是作为一个整体的“社会单元”被强调和保护的,我国宪法理论也将维护家庭和谐与维护家庭成员关系作为家庭保护的重要内容。[2]

正是在宪法对家庭整体性的保护上,被告人、被害人亲属的权利保护呼之欲出。在刑事诉讼中,家庭的整体性纽带显得格外突出。一方面,对于被害人而言,在有具体的自然人被害人的案件

---

〔1〕 参见姚国建:《宪法是如何介入家庭的?——判例法视角下的美国宪法对家庭法的影响及其争拗》,载《比较法研究》2011年第6期。

〔2〕 参见张艳玲:《家庭权及其宪法保障》,载《南京大学学报》2011年第4期。

中，犯罪一旦发生，首先侵犯的当然是被害人的自由、财产甚至生命，但是出于家庭的自然情感，被害人的家属不可能坐视被害人的被害不管，而通常会想方设法为被害人"报仇"，这一点在一个复仇传统极深的国家可以说更为明显。[1] 另一方面，就被告人而言，一旦家庭成员成为被告人，其近亲属基于家庭内部的自然情感，在积极层面一般会尽可能的探知被告人的境况并提供力所能及的帮助，在消极层面则表现为不愿意做出不利于被告人利益之事。国家保护家庭这一社会单元，就应当在刑事诉讼中宽容、保护乃至鼓励家庭成员为维护家庭整体性而采取的行动。

(二)权利保护理论

被告人权利保护是现代刑事诉讼的核心议题，而被害人权利保护则是刑事诉讼的新晋重点问题，两者权利的保护和平衡，构成了中国刑事诉讼的核心目标之一。而被告人权利和被害人权利的保护，都需要其亲属的广泛参与。

其一，被告人、被害人需要来自家庭的心理支持。在中国这样一个普遍缺乏宗教信仰的国度，家庭有着独特的精神家园地位，[2]其对被害人、被告人的心理支持意义极为重大。对于被告人而言，为了实现被追诉者与国家追诉机关的平等对抗，传统控辩平等理论仅仅聚焦于专业上的"武器对等"是不够的，被告人同样也需要强大的心理"外援"，而家庭正是这种心理外援的最关键来源。对于被害人而言，如果生命未因犯罪不复存在的话，其无论身

[1] 关于复仇及其在刑事诉讼中的影响，参见苏力：《法律与文学》，生活·读书·新知三联书店2006年版，第43~81页。

[2] 方乐：《法律实践如何面对家庭?》，载《法制与社会发展》2011年第4期。

心都处于弱势地位,亟须亲属的支持和鼓励,特别是在某些关乎名誉的犯罪中,没有亲属的支持被害人可能对犯罪只能“保持沉默”。

其二,被告人、被害人需要来自近亲属的专门支持,包括专业支持和证据支持。由于法律援助制度的不完善,中国的被告人、被害人获得律师帮助的比例一直处于较低水平。对于被告人而言,实践中我国刑案律师辩护率普遍不足30%,[1]在此背景下亲属的帮助几乎成了大部分被告人唯一可以获得的外部支持,这种支持不仅包括心理上的慰藉,甚至还意味着某种专业帮助(哪怕是非正规的和初级的)。对于被害人而言,由于缺乏相关统计,笔者无法给出具体的数据,但是相对于被告人辩护权深受学界、立法重视而言,被害人的律师帮助权长期处于边缘地位,相信实践中有律师帮助的被害人比例远低于被告人的律师辩护率;与此同时,由于检察机关更注重追诉犯罪而不是全面保护被害人,因此被害人能够从检察机关获得的专业帮助其实也主要限于追究被告人刑事责任。在这种情形下,被害人的亲属实际上构成了检察机关之外对被害人权利全面保护的重要专业支持,其既可能成为证人提供支持,也可能作为代理人提供帮助。

其三,被告人、被害人亲属的帮助或参与对于被告人、被害人某些权利的行使非常重要。一方面,对于被告人而言,其可能并不具有多少选择律师的自由和优势,在此情形下由近亲属帮助选择律师,对其来讲可以大大提高所选律师的质量;再如,对于诸如申请取保候审、申请改变强制措施等权利的行使,即便有律师的帮助,近亲属的协助仍然必不可少,因为保证人以及保证金往往需要

---

〔1〕 李娜:《收入少风险大越来越多律师放弃刑辩业务　全国律协期待刑诉法修改扭转局面》,载《法制日报》2011年8月8日,第5版。

近亲属提供。另一方面，对于被害人而言，一旦被害人受害死亡、受害后行动不便、被害人系未成年或者属于精神病人，被害人的亲属就成了其权利保护的代行者甚至替代者。

由此看来，被告人、被害人亲属的多层面参与，实际大大有助于被告人、被害人获得专业辅助与心理支持，从而最终有助于被告人、被害人权利的保护。为此，我国刑事诉讼必须在继续完善律师专业帮助的同时，将被告人、被害人亲属的辅助作为刑事诉讼的重要方面加以突出和强调。而这些如果用刑事诉讼中的权利话语来说，正是被告人、被害人亲属的各种权利。

（三）利益相关者理论

利益相关者本为经济学上的概念，是指能够影响一个组织目标的实现，或者受一个组织实现其目标过程影响的人。利益相关者理论认为，企业不仅要为股东利益服务，还要关照利益相关者的利益，因为企业在相当程度上与利益相关者存在依存关系，并且适当地关照利益相关者利益有助于企业战略的实现。[1] 利益相关者理论提出之后，其应用很快就超出经济学界，而广泛运用于政治学与教育学等领域。笔者认为，利益相关者理论对于刑事诉讼具有同样的适用性。

被告人、被害人亲属在刑事诉讼中作为利益相关者，主要体现在两个方面：一方面，当被告人被国家追诉尤其是被羁押之后，当被害人为犯罪侵害之后，被告人、被害人对亲属的关爱、责任和义务关系将受到影响，由此被告人、被害人亲属即因为犯罪和刑事追诉而在情感、利益方面受到了损害，从而成为利益相关者。另一方

〔1〕 王辉：《从“企业依存”到“动态演化”》，载《经济管理》2003年第2期。

面，当犯罪为国家追诉之后，被告人、被害人亲属因受到潜在损害和某些限制而成为利益相关者。对被告人亲属而言，被告人被国家追诉意味着可能面临自由与生命上的危险，此时大多数情况下其近亲属都会基于婚姻或者血缘关系而希望采取某些行动，如探望被追诉的家庭成员，或者协助其逃跑，或者拒不提供自己知道的线索或证据等，而这些行动显然都与刑事追诉逻辑相冲突，国家可能会对近亲属的这些行为进行限制，这些限制使近亲属成为刑事诉讼活动的利益相关者；对于被害人亲属而言，其可能因作为证人身份而成为利益相关者（如可能遭受报复），也可能因为现代国家对犯罪追诉的垄断，复仇受到限制，而使其因为这种国家限制而成为利益相关者。

按照利益相关者理论的逻辑，被告人、被害人亲属作为刑事诉讼的利益相关者，其利益自然应当受到刑事诉讼的关照与保护。实际上，从已经发生的诸多事件过程来看，无论是“羁押吸毒母亲饿死三岁幼女事件”“曾成杰刑前女儿未见最后一面事件”“梦鸽护子打官司”，还是药家鑫案、李昌奎案引起的评论与非议，都表明刑事诉讼如果不认真对待被告人、被害人亲属的利益，的确都会严重影响刑事诉讼本身的基本正当性。由此可见，在刑事诉讼中，被告人、被害人亲属因其可能成为重要的刑事诉讼利益相关者而需要刑事诉讼给予特别的关注。这就要求从制度上广泛的赋予被告人、被害人亲属知情权、帮助权等各种权利。

二、我国被告人、被害人亲属利益表达与保护的立法现状与存在的问题

从上一部分我们不难得出，加强被告人、被害人亲属权利的保

护具有深厚的理论根基并因此具有相当的正当性和必要性。那么,我国被告人、被害人亲属权利的保护现状是怎样的,是否存在不足?本部分将考察和分析这一问题。

(一)我国被告人、被害人亲属利益表达与保护的立法现状

1. 我国被告人亲属利益表达与保护的立法现状

我国现行《刑事诉讼法》和《最高人民法院关于适用〈中华人民共和国刑事诉讼法〉的解释》(以下简称《解释》)、《人民检察院刑事诉讼规则(试行)》(以下简称《规则》)以及《公安机关办理刑事案件程序规定》(以下简称《规定》)的关于被告人亲属利益表达与保护的规定可以分为三类,即知情权、帮助权和拒证特权。

首先,关于知情权。被告人亲属的知情权是指近亲属依法及时了解被追诉者情况的权利,这种权利包括被动知情和主动知情两个方面。一方面,被动知情以公安司法机关通知、送达义务的形式体现出来,具体包括:对于采取监视居住、拘留、逮捕等强制措施的,法律规定相关机关应在采取相应强制措施后24小时以内通知家属;对已经执行死刑的,法律规定交付执行的司法机关应当通知罪犯家属领取遗言、遗骨和财物。[1] 另一方面,主动知情则以会见权的形式体现出来,不过我国《刑事诉讼法》对此并未明确规定,但是未成年被告人亲属因为享有讯问在场权而实际享有会见未成年人的权利,同时《解释》还赋予了审判期间外国籍被告人的监护人、近亲属申请会见外籍被告人的权利,赋予了死刑犯近亲属在死刑执行前可以申请会见死刑罪犯的权利。[2]

---

〔1〕《刑事诉讼法》第73、83、91、252条。

〔2〕《刑事诉讼法》第270条,《解释》第399、423条。

其次，关于帮助权。被告人亲属的帮助权是指亲属有为了被追诉者的利益参与到刑事诉讼过程中的权利。这种帮助可以是以诉讼参与人身份给予的帮助，也可以是以一般近亲属身份给予的帮助。关于以诉讼参与人身份给予帮助的权利。在我国，被告人亲属可以两种身份为被追诉者的利益参与刑事诉讼，即法定代理人和辩护人。按照《刑事诉讼法》的规定，作为法定代理人的近亲属享有包括申请回避、申请解除强制措施以及上诉、申诉的权利，并在未成年人诉讼程序中有权作为合适成年人参与诉讼，在强制医疗程序中有权到场和申请复议等；[1]除此之外，近亲属还可以自审查起诉阶段起作为辩护人参与诉讼，并享有除了律师专属辩护权之外的所有辩护权利。关于以一般近亲属的身份给予帮助的权利。按照我国《刑事诉讼法》的规定，被告人的近亲属在不具备法定代理人、辩护人的诉讼参与人身份时，同样有权为被告人的利益实施某些行为。这些权利包括：可以申请法律援助、申请变更或解除强制措施、代为委托辩护人、经被告人同意代为上诉、对生效判决申诉；在搜查程序中近亲属享有见证权与搜查笔录的签字确认权；在未成年人刑事程序中可以作为合适成年人参与审理；在刑事和解程序中可以经犯罪嫌疑人、被告人同意代为和解；在强制医疗决定程序中有权申请复议强制医疗决定、申请解除强制医疗决定。[2]

最后，关于拒证特权。拒证特权是指具有证人资格的近亲属因为与被追诉者有法定的亲属关系而享有的拒绝作出不利于被追

[1] 《刑事诉讼法》第28、29、30、95、97、216、223、241、270、271、274、286、287条。

[2] 《刑事诉讼法》第33、34、95、97、216、241、287、288条，《规则》第512条，《解释》第497条。

诉者证词的权利。我国关于近亲属拒证特权的规定出现在2012年修正的《刑事诉讼法》第188条之中，但该条规定仅确立了被告人的配偶、父母、子女享有拒绝出庭作证的权利："经人民法院通知，证人没有正当理由不出庭作证的，人民法院可以强制其到庭，但是被告人的配偶、父母、子女除外。"

2. 我国被害人亲属利益表达与保护的立法现状

我国现行《刑事诉讼法》和《解释》、《规则》以及《规定》中关于被害人亲属利益表达与保护的规定可以分为三类，即知情权、参与权和与作证相关的权利。

首先，关于知情权。与被告人亲属的知情权不同，被害人亲属的知情权仅以公安司法机关通知、送达义务的形式体现出来，具体包括：有获得相关部门告知自收到移送审查起诉的案件材料之日起3日以内委托诉讼代理人的权利，获得告知可以提起附带民事诉讼，获得告知放弃对其他共同侵害人的诉讼权利的后果的权利，以及获得告知可以申请国家赔偿的权利；被害人死亡或者没有诉讼行为能力的，被害人的近亲属有权被告知用作证据的鉴定意见；对于不起诉、附条件不起诉、不立案、撤销案件的，有获得送达相关决定的权利，对不起诉、附条件不起诉，还应被告知可以申诉等。[1]

其次，关于参与权。被害人亲属的参与权包括两种：一种是被害人亲属只能以法定代理人的身份参与诉讼，包括三种情形，即就公诉人讯问的犯罪事实补充发问、就附带民事部分的事实向被告人发问，提请审判长通知证人、鉴定人出庭作证，请求抗诉。[2] 另

[1] 《刑事诉讼法》第44条，《解释》第140、144条，《规则》第55、243、253、413、493、553条，《规定》第185条。

[2] 《刑事诉讼法》第218条，《解释》第198、202条。

一种是既可以以法定代理人的身份也可以以近亲属身份参与诉讼，包括控告、请求立案监督、提起附带民事诉讼、提起自诉、请求抗诉、针对强制医疗申请复议、委托诉讼代理人、就公诉人讯问的犯罪事实补充发问、就附带民事部分的事实向被告人发问、提请审判长通知证人、鉴定人出庭作证以及代为和解等。[1]

最后，关于与作证相关的权利。具体包括两种情形：一种是拒绝向辩护律师提供证据的权利，即辩护律师必须经检察院或者法院许可，并且经被害人或者其近亲属、被害人提供的证人同意，才可以向他们收集与本案有关的材料；[2]另一种是作为证人有获得保护的权利，即对于危害国家安全犯罪、恐怖活动犯罪、黑社会性质的组织犯罪、毒品犯罪等案件，被害人因在诉讼中作证，本人或者其近亲属的人身安全面临危险的，法院、检察院和公安机关应当采取保护措施。[3]

（二）我国被告人、被害人亲属利益表达与保护立法存在的问题

应当承认，我国刑事诉讼法在被告人、被害人亲属利益表达与保护上已经取得了不小的成就。但是，由于长期以来被告人、被害人亲属权利被视为边缘性权利，没有引起立法者的足够重视，使得目前我国被告人、被害人亲属利益表达与保护都还存在不少明显问题。

1. 我国被告人亲属利益表达与保护立法存在的问题

首先，立法没有确立近亲属的会见权。一般来讲，被告人被国

---

[1] 《刑事诉讼法》第44、99、112条，《解释》第138、140、141、144、260、497条，《规则》第253、511条。

[2] 《刑事诉讼法》第41条。

[3] 《刑事诉讼法》第62条。

家羁押后，作为有血缘或者姻亲关系的近亲属，有着感同身受的角色体验，是最急于了解被追诉者身体、情绪、吃穿用等情况的人。然而，或许出于对近亲属会见被告人可能有碍指控的担忧，目前的刑事诉讼法只是部分的、有限的确立了未成年人被告人、死刑犯和外国籍被告人近亲属的会见权。实际上，从世界各国来看，绝大部分法治国家早就不同程度的确立了近亲属的会见权。[1] 可见我国法律的这种规定，既与被告人及其近亲属的实际情感需要不合，也与国际主流做法相悖。

其次，近亲属作为辩护人有名无实。新《刑事诉讼法》仍一如既往地坚持了对辩护律师和非律师辩护人配置不同权利的区别对待方式，不仅规定侦查期间只能委托律师作为辩护人，不能委托其他人员（包括近亲属）作为辩护人；而且给非律师辩护人会见权与通信权的行使设置程序障碍，要求非律师辩护人与被告人会见和通信必须经过法院、检察院许可；更剥夺了作为辩护人应当享有的最关键权利，即明确非律师辩护人既不享有阅卷权也不享有向他人调查取证的权利。显然，在法律援助不能全面覆盖的背景下，这样的规定实际上是对被告人寻求私力帮助的重大限制，无疑进一步恶化了被告人与控方的不平衡局面。

最后，新法确立的被告人亲属拒绝出庭作证特权过于狭隘。从现行立法规定的拒证权内容来看，一方面，可以免于作证的近亲属仅限于配偶、父母、子女，比《刑事诉讼法》中规定的“近亲属”的

---

[1] 早在1955年联合国第一届预防犯罪及罪犯处遇大会通过的《囚犯待遇最低限度标准规则》第37条就规定：“囚犯应准在必要监视之下，以通信或接见方式，经常同亲属和有信誉的朋友联络”，而且该规则“序言”第4条明确指出这里的“囚犯”包括未经审讯或已经判罪的各类囚犯。目前世界法治国家基本上都建立了亲情会见或亲情探望制度。

范围要小;另一方面,可以免于作证的阶段仅限于庭审,但由于《刑事诉讼法》第52条规定“单位和个人应当如实提供证据”、第60条规定“凡是知道案件情况的人,都有作证的义务”,并规定了举报义务和协助侦查、协助抓捕等义务,使被追诉者的配偶、父母、子女在案件的侦查阶段、审查起诉阶段直至开庭前都不能免除作证义务,如此则新《刑事诉讼法》所确立的拒证权实质上沦为一种拒绝出庭权。拒证权的确立本来旨在显示国家对家庭、亲情关系的程序性容隐,但是我国立法的这种规定,实际上使国家的这种容隐有名无实。

2. 我国被害人亲属利益表达与保护立法存在的问题

首先,被害人亲属“控告难”的解决缺乏立法保障。实践中,案件发生后由被害人和亲属甚至单独由亲属报案的比例极高,虽然被害人亲属可以申请立案监督,但在现行立法下,立案监督效果十分有限。这主要是因为在我国立案是一个独立的诉讼阶段,是侦查程序得以启动的前提,而依照刑事诉讼法的规定,侦查人员在对案件审查后,只有确定有犯罪事实发生,且应追究刑事责任的,方能立案,然后才能侦查,然而问题在于,在没有经过侦查的情况下,侦查人员是无法发现报案、控告、举报或者自首的材料是否有犯罪事实以及是否是需要追究刑事责任的。[1]

其次,被害人家属的实质性的知情权和参与权有限。表面上看,我国立法赋予了被害人家属以广泛的知情权和刑事诉讼参与权,但实际上,这些权利基本上都是形式的,实质意义非常有限。一方面,就知情权而言,在侦查、起诉、定罪量刑过程中,被害人及其亲属对于案件侦查、起诉的进展所知甚少,对案件的信息只知道

〔1〕 李奋飞:《刑事被害人的权利保护》,载《政法论坛》2013年第5期。

结果型信息（如是否立案、是否起诉等），对于证据几乎没有知情权（不能阅卷）；另一方面，就参与权而言，在公安机关撤销案件、检察院决定采取或变更强制措施、起诉（包括附条件不起诉）之前，司法机关并不需要征求被害人及其亲属的意见。

最后，直接保护被害人亲属利益的内容极为有限。犯罪当然直接侵害的是被害人的权利，但是也直接关乎被害人亲属的利益特别是感情上的利益，尤其在被害人已经被害至死的案件中，因此被害人亲属的利益也应当受到重视。但是在我国立法中，被害人亲属的主要权利是为被害人利益而享有的知情权、参与权以及拒绝提供证据的权利，只有因作证而面临危险时有获得保护的权利，以及参与和解的权利包含了被害人亲属自身利益，这无疑对被害人亲属的利益保护是非常不利的，因其不利于消解被害人亲属的不满和愤怒，而后者往往是民意激发的“星星之火”。

三、被告人、被害人亲属利益表达与保护制度之完善

“一切违背人的自然感情的法律的命运，就同一座直接横断河流的堤坝一样，或者被立即冲垮和淹没，或者被自己造成的旋涡所侵蚀，并逐渐地溃灭。”[1]我国被告人、被害人亲属利益表达与保护的现状虽不至于完全违背人的自然情感，但的确仍然存在诸多不足，因此进行进一步的改革完善是必要的。不过，如前所述，被告人、被害人亲属权利保护之所以存在若干不足，一个很重要的根源还在于长期以来这一类权利一直被视为一种边缘性权利，并

---

〔1〕［意］贝卡里亚：《论犯罪与刑罚》，黄风译，中国大百科全书出版社 1993 年版，第 30 页。

被认为有碍于打击犯罪。有鉴于此，要完善被告人、被害人亲属利益表达与保护制度，不仅需要在提高立法技术的基础上重新配置一些关键权利，更需要首先更新一些基本观念。

（一）基本观念的更新

1. 倡导刑事诉讼的适度再人格化

在很大程度上可以说，我国刑事诉讼发展过程中遵循的最主要的逻辑，就是形式理性逻辑，即力图构建一种抽象的形式化的法律，通过自治的、形式化的刑事诉讼法律解决人治的任意性问题。[1] 这种现代法律的形式逻辑，"正在改变我们日常生活中最熟悉和最带个人色彩的领域"。[2] 与本书主旨相勾连，实际上就是不断地去人格化，排除个人性、情感性因素，包括家庭、人格、亲情等对诉讼过程的影响。形式理性作为现代性的最基本逻辑，其合理性和贡献是毫无疑问的。问题在于，任何一种理念或者思想一旦占据话语霸权地位，就可能产生负面影响。在我国，由于韦伯关于中国缺乏具有形式理性法这一论断广受认同，[3] 形式理性被大力鼓吹和倡扬，并被作为刑事诉讼、证据法的理论基础，[4] 除了极少数反思声音外，[5] 几乎拥有不容置疑的话语地位。在这种背

〔1〕［美］昂格尔：《现代社会中的法律》，吴玉章、周汉华译，译林出版社2001年版，第50页。

〔2〕［英］吉登斯：《现代性的后果》，田禾译，译林出版社2000年版，第4页。

〔3〕［德］马克斯·韦伯：《儒教与道教》，王容芳译，商务印书馆1995年版，第154页。

〔4〕陈瑞华：《从认识论到价值论——证据法学理论基础的反思与重构》，载《法学》2001年第1期。

〔5〕汪海燕：《形式理性的误读、缺失与缺陷——以刑事诉讼为视角》，载《法学研究》2006年第2期。

景下，具有明显人格化色彩的亲属权利，被迫处于被忽略甚至被抹杀的危险境地。

有鉴于此，迫切需要破除这种形式理性的话语霸权地位，倡导刑事诉讼的适度再人格化。所谓刑事诉讼的适度再人格化，是指已经形式理性化的刑事诉讼需要适当超越形式理性，反身关注一些非形式理性的因素，特别是一些被公认为善但无法形式理性化的价值、情感与传统（如责任、关爱以及亲情伦理等）。按照胡玉鸿教授的说法，就是应当体现以人为本的精神，尊重人们的自然情感，将法律与人情结合起来。[1] 就本书主旨而言，就是要倡导适度关注、容忍、宽容甚至鼓励亲属基于家庭伦理与中国家庭传统而采取的某些行为。

实际上，随着非自由主义司法观念和相关实践的兴起，刑事诉讼已经开始突破形式理性的僵局而将关爱、责任等"第三类价值"作为重要的刑事诉讼理念，从而部分地实现了刑事诉讼的适度再人格化。比如，在西方，伴随着共和主义等非自由主义思想的回潮，尤其是恢复性司法、被害人保护运动等实践的兴起，刑事诉讼价值已经从传统的自由、安全价值观发生了微妙的变化：虽然自由主义的自由、安全价值在刑事诉讼领域继续得到推崇，但是非自由主义价值观中诸如爱、责任、共同体关系的和谐等价值也日益受到重视。[2] 在我国，随着刑事和解、附条件不起诉实践的制度化和未成年人刑事诉讼中父爱主义的萌芽，这类非自由主义的价值观念已经得到初步体现，为此已经有学者指出，这意味着刑事诉讼

---

〔1〕 胡玉鸿：《法律与自然情感》，载《法商研究》2005 年第 6 期。

〔2〕 See J Braithwaite, P. Pettit, *Not Just Desserts: A Republican Theory of Criminal Justice*, New York: Oxford Press, 1990, pp. i - viii, 1 - 228.

"第三类价值"在我国已经兴起。[1]

可以初步认为,立基于刑事诉讼"第三类价值"的刑事诉讼适度再人格化绝不是一个偶然的事件,而是某种必然:在西方,这与各种主义、思潮的碰撞、纠偏与融合是一致的;在我国,这与我国的家国传统和当今治国理念也是一脉相承的。电视剧《大秦帝国》中秦孝公所言"法不爱民,无以立足",或许放在当下绝非毫无道理。毕竟,法律既有赖于国家的明文规定与强力保障,也离不开人们的情感支持。[2] 正是在这种有着某种必然性的趋势之下,笔者认为,我国应当大胆地提倡刑事诉讼的适度再人格化,尤其应当宽容乃至鼓励当事人亲属在刑事诉讼内表达诉求并参与到刑事诉讼过程之中。

2. 从宪法角度看待近亲属权利的刑事诉讼保护

被告人、被害人亲属权利长期以来被边缘化,有着理论上的根源,即在刑事诉讼内部找不到重视这一权利的理由,因为传统刑事诉讼是以被告人为中心的——学界研讨多年的被害人权利尚且难以被确立为主流权利,被告人、被害人亲属的权利自然更不可能引起足够重视了。

在这种情形下,要保护被告人、被害人亲属的权利,就必须跳出这种刑事诉讼专业槽的内在视角限制。我们在前文的理论基础中已经阐明,国家保护家庭有着明确的宪法基础,不仅专门的家事法律如婚姻法、未成年人保护法等应当遵循相关宪法规定,而且任何与家庭权利尤其是家庭整体性相关的法律都应当尊重这一安

---

〔1〕 参见陈瑞华:《刑事司法中的对抗与合作——一种新的刑事诉讼模式理论》,载《法学研究》2007 年第 3 期。

〔2〕 胡玉鸿:《法律与自然情感》,载《法商研究》2005 年第 6 期。

排,刑事诉讼法也不例外。有鉴于此,必须转变过去仅仅将被告人、被害人亲属的权利作为一种刑事诉讼权利的观点,而应当认识到其更是一种有着宪法背景的权利,一种有必要通过刑事诉讼法予以保护的宪法性权利。唯有如此,这种长期被边缘化的权利才有可能引起足够的关注和重视。

3. 全面认识保护亲属权利的功能

被告人、被害人亲属权利被忽视,还有一个非常重要的原因,就是立法者对亲属利益表达与保护的功能认识存在偏差。一方面,长期以来,被告人亲属基本被认为是有碍打击犯罪的"添乱者",由于国家控制犯罪的能力仍然有限,国家对近亲属帮助被追诉者存在担忧,担心其与被告人通风报信乃至隐藏、毁灭证据或者串证,从而影响打击效果;另一方面,由于实行国家追诉主义,被害人几乎完全被置于国家追究犯罪的辅助者地位——名义上是当事人实际上只不过是证人,在此背景下被害人亲属更被视作可有可无。

然而,实际上,加强被告人、被害人亲属权利的保护不仅有利于被告人和被害人权利的保障,在结构上也更有利于控辩平衡和国家与被害人之间的平衡,在价值层面则有助于这个道德伦理已经滑坡、人际关系过度冷漠的国度在精神层面实现某种至少家庭、亲情之内的回暖。更重要的是,被告人、被害人亲属的广泛参与其实还有助于司法行为的透明化并增强裁判的可接受性,从而减少社会对司法行为的猜疑和不满,进而避免可能的矛盾激化以及由此而致的民意事件。在此情形下,国家有必要祛除过去那种对被告人、被害人亲属参与刑事诉讼的过度谨慎,全面正确认识保护被告人、被害人亲属权利的作用,从而给被告人、被害人亲属权利一个恰当的定位和地位。

(二)关键权利的重新配置

毫无疑问,仅有观念层面的更新是不够的。只有将新观念落实为具体的制度安排才有实际意义。就此而言,应当重新配置被告人、被害人亲属,尤其是近亲属应当享有的关键性权利。

1. 赋予被告人近亲属更实质性的权利

首先,规定被告人近亲属享有探视权。本来按照现有的理论习惯,一般此类权利被称为近亲属的会见权或者亲情会见权。这里之所以改弦易张称之为探视权,主要是为了与律师会见权相区分,而且用探视权似乎更能够反映近亲属会见的情感性实质。在赋予近亲属探视权时,应当注意:(1)在范围和程序上,原则上应当允许任何案件的被告人近亲属都享有探视权,且应规定在采取强制措施后一定时间以内即应通知近亲属可以探视。(2)在探视性质上,应当严格将近亲属的探视权限定为一种情感性权利,即只能是一种亲情见面和交流,不能涉及案情。(3)在技术上,可以根据情况对探视进行技术性限制,如相关机关可以派员在场,可以对探视次数作出限制,以及对涉及国家安全的重特大案件采取远程网络视频探视方式等。(4)当探视者和辩护人同一时,适用辩护人的相关规定。

其次,在法律援助全覆盖之前赋予近亲属辩护人实质辩护权。如前所述,我国刑事诉讼法对律师辩护人与非律师辩护人的权利作了区别对待,从而限制了近亲属作为辩护人的绝大部分的辩护权。笔者认为,在法律援助尚未实现全覆盖的背景下,这种限制是完全没有道理的,因为这将恶化被追诉者的弱者地位,无助于基本的控辩平衡。为此,笔者认为,理想的做法是在法律援助实现全面覆盖之后取消这类辩护,从而使亲情与专业辩护各行其道。但是,在法律援助尚不能全面覆盖的情况下,退而求其次的做法是赋予非律师辩护人(近亲属辩护人)与律师同样的辩护权限,并作如下完善:(1)通过司法解释规定侦查期间即可委托近亲属作为辩护人,取消非律师辩护人会见与通信须经许可的规定(律师辩护人也需许可的除外),赋予非律师辩护人阅卷权和调查取证权。(2)为了防止非律师(近亲属)辩护人滥用权利,可以制定专门的非律师(近亲属)辩护人规范,并在律师协会下专设非律师辩护人管理机构,负责对非律师辩护人应当遵守的法律义务、道德义务进行释明和管理。

最后,确立完整的近亲属拒证特权。新《刑事诉讼法》规定的"配偶、父母、子女拒绝出庭作证特权"虽然向前迈进了一步,但是从近亲属利益表达与保护角度来讲,这一步还显得远远不够。笔者认为,应当确立完整的近亲属拒证特权。所谓完整的近亲属拒证特权,是指在整个刑事诉讼过程中,被追诉者的近亲属享有拒绝做出不利于涉案家庭成员行为的权利,既包括拒证权,也包括拒绝协助侦查、协助抓捕等。当然,为了公共利益与个人、家庭利益之间的平衡,也可以对近亲属拒证特权作适当的限制。为此,可以进行如下制度完善:(1)通过司法解释明确拒证特权适用于整个诉讼过程,同时在非法证据排除规则条款中明确规定侵犯此一特权的程序性制裁措施;(2)改变现刑事诉讼法不设定拒绝出庭作证特权适用范围的做法,规定拒证特权的例外范围,即对于近亲属之间侵犯人身权利的犯罪案件、严重危害国家安全、公共安全的犯罪案件等可以不适用拒证特权条款。

2. 完善被害人亲属利益表达与保护制度

首先,解决亲属控告难的问题。犯罪发生之后,出于各种原因,被害人控告不能或者不愿意控告,此时被害人亲属就成为控告的主要主体。但是实践中，由于立案标准过高，被害人以及被害人亲属控告并不总能带来立案的效果。笔者认为，要改变这种局面，必须改变目前立案标准过高的现状。虽然立案作为一个单独的程序颇具中国特色，但在短期修改法律并不现实的背景下，建议在保留目前立案程序的前提下，通过司法解释适当修改立案条件，可以对于"有犯罪事实需要追究刑事责任"作宽泛理解：一方面，对于"有犯罪事实"宜理解为有犯罪信息，并不需要全部查实，只要部分是事实，即便事实之间有矛盾也不应影响立案；[1]另一方面，对于"需要追究刑事责任"，由于其取决于进一步的调查以及后续的法律判断，因此只要一般人认为需要追究刑事责任即应立案。

其次，赋予被害人亲属更多实质性的知情权和参与权。实质性而非形式性的知情权和参与权对于被害人、被害人亲属至关重要，有助于其在信息全面的情况下采取行动，因此笔者建议：一方面，就知情权而言，既要赋予被害人及其亲属对诉讼过程的知情权，如案件进展、所需时间等；还要赋予被害人及其亲属对案件事实的知情权，如果条件允许的话，应当允许他们阅卷。另一方面，就参与权而言，被害人亲属不仅有知道各种决定结果的权利，还应当切实地参与到相关决定的过程中去，特别是那些可能对被害人及其亲属不利的决定过程，如不起诉、附条件不起诉等。

最后，赋予被害人亲属影响陈述权。这里的被害人亲属影响陈述，是借鉴国外被害人影响陈述（victim impact statements）制度的产物。所谓被害人影响陈述，是指被害人就犯罪对其身体、精

---

〔1〕 参见刘永晟：《刑事立案证据标准不宜过高》，载《检察日报》2004年6月14日。

神、经济等方面造成的影响作出全面陈述,从而为法庭量刑提供参考。[1] 本书这里的被害人亲属影响陈述,则是指被害人亲属就犯罪对被害人身体、精神、经济等方面造成的影响,以及对被害人亲属的精神、经济等方面造成的影响作出全面陈述,从而为法庭量刑、判决赔偿等提供参考。这一制度的确立旨在将被害人和被害人亲属的利益均直接纳入刑事诉讼之中,以扩大被害人亲属利益的保护面,加强被害人亲属利益保护的力度。

---

〔1〕 康黎:《英美法系国家的"被害人影响陈述"制度》,载《人民法院报》2012年4月6日。

CHAPTER 06 >>

第六章

刑事诉讼内社会参与机制研究

传统上，犯罪被看作“孤立的个人反对统治阶级的斗争”，刑事诉讼因此也被视为国家与个人之间的战争。然而，实际情况要复杂得多，不仅如前一章所述，被害人与加害人的家庭会被卷入刑事诉讼过程，而且社会同样也会主动或被动的卷入。可以说，刑事诉讼绝非是单纯的国家与个人之战，而是包括了社会与国家之博弈的复杂游戏。社会是否接受刑事裁判，直接关系到刑事司法的正当性，并可能直接转化为汹涌的民意，从而让国家司法承压。要解决社会和国家之间在刑事诉讼上的可能的冲突，首先应当解决的就是刑事诉讼的社会参与问题。不过，由于后文将有专章讨论裁判中的社会参与（请见“通过陪审制度的改革回应民意”一章），加之诉讼过程的社会参与和裁判过程的社会参与存在较大区别，因此本章讨论的刑事诉讼的社会参与问题，排除了裁判过程中的社会参与(主要是人民陪审员制度)。

一、社会参与刑事诉讼的理论基础

尽管长期处于边缘地带,社会参与刑事诉讼却并非学者的理想化冲动,而是有着足够的理论基础,概言之,其是参与式、协商性民主在刑事司法领域的具体化,更因为其独特的程序功能而为人们所接受。随着国家治理现代化思想的提出,社会协同治理理论亦成为社会参与刑事诉讼的重要理据。鉴于参与式、协商性民主理论和社会协同治理理论已经在本书第一章作了详细介绍,为避免重复,这里重点强调程序功能理论。

社会参与刑事诉讼的实质,乃是将社会组织与个人纳入和整合到刑事诉讼程序之中。为什么要将其纳入刑事诉讼程序呢?如前所述,这首先乃是因为有需求,即民主的需求,个人和社会组织有意愿参与。但是,仅仅有需求并不足以促成刑事诉讼中的社会参与,这不仅因为需求有可能是不合理的,更因为国家/社会也是理性的,不会仅仅因为有需求就设立相应的制度。笔者认为,将社会组织和个人纳入和整合到刑事诉讼程序的关键影响因素,还在于这种纳入和整合的功能。正如当下已经常识化的程序理论所指出的,现代社会中的程序因为具备限制恣意、促成理性选择、作茧自缚和反思性整合的特点而具备相当广泛的直接作用和潜在功能。[1] 具体到社会参与,这类功能主要体现在以下方面:

其一,刑事诉讼的广泛社会参与有助于将社会不同主体和不

---

〔1〕 程序的具体作用和功能,参见季卫东:《法律程序的意义》,载《比较法研究》1993 年第 1 期。

同意见纳入建制内解决。当前刑事司法中的一个显著问题,就是大量的建制外的声音影响司法过程和司法决策,由于缺乏建制内的正规通道,国家最终只能用政治性手段去面对这些声音和意见,而政治性解决又面临深刻的合法性危机。通过刑事诉讼的社会参与尤其是扩大其参与,无疑有助于将不同主体和不同意见纳入建制内。

其二,在将社会主体和社会声音纳入刑事诉讼程序之后,程序所具有的理性化和说服功能将进一步显现。一方面,通过充分的、平等的发言机会,不满和矛盾能够得到一定程度的疏导,社会参与者的初始动机有机会变形和中立化,从而可以避免过激和对抗;另一方面,即便最终结果不尽如人意,也可能因为程序的作茧自缚效应,社会参与者服从决定的义务感有机会得到强化,决定也变得容易为失望的社会参与者所接受。

其三,刑事诉讼中的广泛社会参与,也有助于促进司法的公正性、提高司法的公信力和增强司法能力。一方面,社会主体对侦查、起诉和审判的参与,无论是分享公权力、协助公权力、监督公权力还是证明公权力,也不论是提供信息还是协助权利,在客观上都有利于打破司法的封闭性,破除决策的官僚化,以及防止司法恣意,从而促进权力运行过程与结果的公正性。另一方面,社会参与带来的对权力的监督制约、程序的公开透明、司法结果的公正、对法律的宣教等又有助于提升司法公信力。此外,社会参与还可以通过将社会资源整合到司法运行中减少司法资源的投入,从而弥补司法资源的稀缺等带来的司法能力不足问题。[1]

---

〔1〕 此处参考了陈卫东教授的观点,参见陈卫东:《公民参与司法:理论、实践及改革》,载《法学研究》2015年第2期。

二、我国社会参与刑事诉讼的立法现状

在我国刑事诉讼立法中，除了经常谈及的公安机关、检察院、法院、被追诉者、被害人，以及上一章讨论过的被告人与被害人的近亲属外，其实还有大量社会组织和人员参与到刑事诉讼活动中来，且涉及组织众多，人员广泛，参与方式亦相当多样。

（一）社会参与刑事诉讼的具体主体

按照刑事诉讼法和相关司法解释的规定，具体参与刑事诉讼的社会主体包括两类：社会组织和公民个人。具体而言，参与刑事诉讼的社会组织包括：社区、基层组织（居民委员会、村民委员会），被追诉者单位、学校，共青团、妇联、工会、未成年人保护组织等人民团体，人民调解委员会和公益团体。参与刑事诉讼的公民个人包括：律师、鉴定人、证人、被追诉者的朋友、邻居、同事，见证人、人民监督员以及其他公民。这里要强调的是，对于学界熟知的人民陪审员，笔者认为，其属裁判过程而非诉讼过程的社会参与范畴，加之后文有专章讨论，因此这里不予列入。这些组织和公民个人对刑事诉讼的参与，几乎涉及从案发到执行的所有环节，相关法律依据则散见于《刑事诉讼法》以及公检法各自的解释、规则和规定之中。为清晰起见，下面用两张表格对此予以勾勒。

表 6－1　我国立法中社会组织参与刑事诉讼的基本情况

组织名称	参与的具体环节或制度	相关法律条文
社区	未成年人不批捕的条件； 附条件不起诉未成年人的矫治与教育； 未成年人建议判处管制、适用缓刑的前置条件； 社区矫正； 法院受理减刑、假释的条件	《规则》第 144 条； 《规则》第 498 条； 《解释》第 483 条； 《刑事诉讼法》第 258 条； 《解释》第 450 条
基层组织（居民委员会、村民委员会）	未成年人不批捕的条件； 取保候审保证金的没收； 合适成年人制度； 刑事和解	《规则》第 144 条； 《规定》第 94 条； 《刑事诉讼法》第 270 条； 《规定》第 324 条、《规则》第 514 条
单位	辩护人资格； 提供证据义务； 送达； 取保候审保证金的没收； 附条件不起诉未成年人的跟踪帮教； 合适成年人制度； 刑事和解	《刑事诉讼法》第 32 条； 《刑事诉讼法》第 52 条； 《刑事诉讼法》第 105 条； 《规定》第 94 条； 《规则》第 496 条； 《刑事诉讼法》第 270 条； 《规定》第 324 条、《规则》第 514 条
学校	未成年人不批捕的条件； 合适成年人制度； 附条件不起诉未成年人的跟踪帮教	《规则》第 144 条； 《刑事诉讼法》第 270 条； 《规则》第 496 条
各类人民团体	辩护人资格； 法定代理人； 合适成年人制度； 社会调查	《刑事诉讼法》第 32 条； 《刑事诉讼法》第 106 条； 《刑事诉讼法》第 270 条； 《解释》第 460 条
人民调解委员会	刑事和解	《规则》第 514 条

续表

组织名称	参与的具体环节或制度	相关法律条文
公益团体	附条件不起诉未成年人的矫治与教育	《规则》第498条

注:凡《刑事诉讼法》有规定,司法解释重复或略有改动的,均仅列刑事诉讼法条文。

表6-2　我国公民个人参与刑事诉讼的详细情况

参与身份	参与的环节或制度	相关法律条文
律师	提供帮助、辩护或代理	《刑事诉讼法》第32~47条
鉴定人	鉴定意见	《刑事诉讼法》第145、187条等
证人	作证	《刑事诉讼法》第41、54、59条等
朋友	辩护人资格; 刑事和解	《刑事诉讼法》第32条; 《规则》第514条
邻居	送达; 搜查见证	《刑事诉讼法》第105条; 《刑事诉讼法》第137条
同事	刑事和解	《规定》第324条、《规则》第514条
见证人	送达; 勘验、检查、查封、扣押、封存、辨认	《刑事诉讼法》第105条; 《刑事诉讼法》第131、137、138、140条,《规定》第126、153条
人民监督员	自侦案件的监督	《规则》第706条
其他公民	协助调查、作证; 扭送	《刑事诉讼法》第50、60条; 《刑事诉讼法》第82条

注:凡《刑事诉讼法》有规定,司法解释重复或略有改动的,均仅列刑事诉讼法条文。

（二）我国立法中社会参与刑事诉讼的方式和类型

从现行法律规定来看，当前社会组织和个人参与刑事诉讼的方式非常庞杂，笔者按照这些组织参与的目的、功能，并结合其与公权力行使、当事人权利保护的关系，将这些参与方式归纳为六类：分享权力型、监督权力型、协助权力型、证明权力型、信息提供型和协助当事人型。需要注意的是，由于具有多种特点，个别社会参与制度可能被同时划入不同的类型。

1. 分享权力型

所谓分享权力型，是指社会参与者分享了部分公权力的社会参与类型。这种方式在刑事诉讼立法和司法解释中主要体现为两种制度：一种是人民陪审员制度；另一种是刑事和解制度。鉴于人民陪审员后文有专章讨论，因此这里仅就后者做一简单分析。传统上，除自诉案件之外，对犯罪的追究和惩罚权力为国家所垄断，个人和社会并无实质性权力。刑事和解制度确立后，被害人、被害人亲属，以及包括单位、人民调解组织、基层组织、朋友和同事在内的社会组织和人员实际上部分的分享了这种传统上由国家垄断的权力，[1]因为和解在实质上直接影响乃至某种程度上决定着量刑。但是必须注意，这种权力分享是极为有限的，社会参与刑事和解更多的是提供信息，以及帮助恢复被告人和被害人之间的关系。

2. 监督权力型

所谓监督权力型，是指社会参与刑事诉讼的主要目的在于监督、制约权力。现行刑事诉讼立法和司法解释中，属于监督权力型

〔1〕 肖仕卫：《刑事法治的第三领域：刑事和解的结构分析》，载《中外法学》2006年第6期。

的社会参与很少,实际上只有人民监督员、律师以及见证人制度属于此类。人民监督员制度是检察系统为抵御外部“谁来监督监督者”的批评而设立的一个制度,目的在于形成对检察权力的外部制约机制。但是人民监督员制度存在天生的不足,其实质监督作用是极为有限的,从实践功能来看,其与下面谈到的协助权力型其实更为接近。辩护律师有权自侦查阶段即参与诉讼过程,但由于律师权利缺乏保障,以及缺乏关键性的律师在场权,所起的监督作用也是极为有限的。此外,见证人制度虽然有着监督执法的功能,但在司法实践中其监督功能不断弱化,已被证明权力合法性的功能所取代,因此对于见证,笔者将主要在下文进行分析。

3. 协助权力型

所谓协助权力型,是指社会参与的目的在于协助公权力的刑事司法活动。我国刑事诉讼立法和司法解释中主要包括四种情形:一是扭送,即任何公民对于正在实行犯罪或者在犯罪后即时被发觉的、通缉在案的、越狱逃跑的、正在被追捕的人都可以扭送至公检法机关;二是协助调查,即《刑事诉讼法》第 50 条规定的“必须保证一切与案件有关或者了解案情的公民,有客观地充分地提供证据的条件,除特殊情况外,可以吸收他们协助调查”;三是对附条件不起诉未成年人的跟踪帮教,即被附条件不起诉的未成年犯罪嫌疑人所在学校、单位、居住地的村民委员会、居民委员会、未成年人保护组织等的有关人员会同检察院定期对未成年犯罪嫌疑人进行考察、教育,实施跟踪帮教;社区或者公益团体应检察机关要求接收被附条件不起诉的未成年人并让其参加公益劳动;四是社区矫正,即社会工作者和志愿者可以在社区矫正机构的组织指导下参与社区矫正工作,有关部门、村民委员会、居民委员会、社区矫正人员所在单位、就读学校、家庭成员或者监护人、保证人等可以协助社区矫正机构进行社区矫正。

4. 证明权力型

所谓证明权力型，是指社会参与刑事诉讼的目的，在于证明政法机关行使公权力的合法性。这种社会参与在我国刑事诉讼立法中体现为三种情况：一是勘验、检查、查封、扣押、封存、辨认中的邻居或见证人见证和签名；二是送达传票、通知书和其他诉讼文件时被送达人所在单位的负责人员的代收，以及收件人本人或者代收人拒绝签收时邀请邻居或者其他见证人到场说明情况；三是没收保证金时，被取保候审人在逃或者具有其他情形不能到场的，被取保候审人的单位、居住地的居民委员会、村民委员会在没收保证金决定书签字等。

5. 信息提供型

所谓信息提供型，是指社会参与者具有中立性，一般只是提供信息供决策者参考。现行刑事诉讼立法和司法解释中，信息提供型社会参与主要包括如下七种：一是作为证人向公检法机关全面提供与案件事实相关的信息；二是作为鉴定人应当向法庭如实提供鉴定意见；三是逮捕程序中未成年人或在校学生的学校或者所在社区、居民委员会、村民委员会对是否具备监护、帮教条件向逮捕决定机关提供信息；四是对未成年被告人提出判处管制、宣告缓刑等量刑建议的，社区向法庭提供有关未成年被告人能够获得监护、帮教以及对所居住社区有无重大不良影响的材料；五是在未成年人犯罪的社会调查程序中，政府有关部门以及共青团、妇联、工会、未成年人保护组织等团体向社会调查机构提供相关背景信息；六是在刑事和解程序中，双方当事人所在居民委员会或者村民委员会人员以及其他了解案件情况的相关人员向法院、检察院提供的相关信息；七是在假释程序中，社区参与提供对罪犯假释后对所居住社区影响的调查评估报告。

6. 协助当事人型

所谓协助当事人型，是指社会参与刑事诉讼的目的在于为被告人、被害人、服刑人员提供帮助。刑事诉讼立法和司法解释中主要有如下五类：一是在代理制度中，律师、人民团体、被告所在单位推荐的人和亲友可担任被告人的辩护人，负有保护责任的机关、团体的代表在法定情形下可担任当事人的法定代理人；二是未成年犯罪嫌疑人、被告人所在学校、单位或者居住地的村民委员会、居民委员会、未成年人保护组织的代表可以作为合适成年人对未成年被告人提供帮助；三是刑事和解中，基层组织、单位、人民调解委员会以及同事、朋友等参与促成被告人与被害人之间的和解和关系的恢复；四是针对未成年人犯罪的社会调查，有利于保护未成年人的权利；五是各种社会组织和人员参与社区矫正，有助于被矫正人员回归社会。

三、我国社会参与刑事诉讼的制度特点及存在的问题

尽管从现有立法来看，我国社会参与刑事诉讼的具体主体覆盖甚广，参与方式亦非常多样，但是无论是侦查、起诉还是审判阶段的社会参与，都与司法民主化的要求，与参与性程序应当具有的功能和与社会协同治理的期待存在不小的差距，应当引起重视。

（一）我国社会参与刑事诉讼立法的基本特点

我国社会参与刑事诉讼立法并未试图将社会参与刑事诉讼作为一种权利看待。不仅如此，从权力实施的角度来看，我国社会参与刑事诉讼立法表现出明显的辅助公权力特点，而监督制约权力

则明显不足；从权利保障的角度来看，我国协助当事人的社会参与立法有较大进展，但大部分限于未成年人犯罪和轻微犯罪，因此存在明显的局限性。

1. 在定位上，社会参与诉讼基本不被视为社会的一种权利

我们注意到，在刑事诉讼立法和司法解释中，关于社会参与的条文中，其主语几乎均为公权力机关，而其表述则有两种：一种是“应当”型，仅包括四种情况，即勘验、检查、查封、扣押、封存、辨认应当见证的规定，被取保候审人在逃或者具有其他情形不能到场的没收保证金时应当“向其成年家属、法定代理人、辩护人或者单位、居住地的居民委员会、村民委员会宣布”的规定，未成年人刑事案件办理中要求“法院应当加强同政府有关部门以及共青团、妇联、工会、未成年人保护组织等团体的联系”的规定，以及减刑、假释受理时应当审查是否包含了“罪犯假释后对所居住社区影响的调查评估报告”的规定。另一种是“可以”型，除了前述“应当”型的四种情况之外，绝大部分的社会参与表述均为“可以”型表述，如可以吸收协助调查，可以邀请合适成年人，可以向相关组织了解情况等。

众所周知，在公法上，公权力机关“可以”如何，意味着该行为属于裁量行为；“应当”如何，则意味着该行为属于义务性行为。与之对应，从权利的角度来讲，当权力主体与权力对象相关联时，表述为权力主体“应当”如何对待权力对象时，则意味着权力主体有义务，而权力对象可能“有权利”；而表述为权力主体“可以”如何对待权力对象时，则一定意味着权力对象“没有权利”。[1] 举

---

〔1〕 一个有趣的专门分析，参见刘方权：《论刑事诉讼法文本中的“可以”》，载《昆明理工大学学报》（法学版）2008 年第 1 期。

例来说,刑事诉讼法规定“公安机关拘留人的时候……除无法通知或者……有碍侦查的情形以外,应当在拘留后24小时以内,通知被拘留人的家属”,即赋予了家属知情权。如用“可以在拘留后24小时以内,通知被拘留人的家属”,则意味着家属并无知情权。从这个角度来看,立法和司法解释关于社会参与表述,表明社会参与刑事诉讼主要的不是一种权利。当然,社会参与也不是一种义务,那么社会参与刑事诉讼被定位为什么呢?笔者认为,其主要被公权力视为一种可资利用的资源。对此,下面的分析中会有进一步的体现。

2. 辅助公权力特点明显,监督制约权力不足

从权力实施的角度来看,我国社会参与刑事诉讼立法表现出明显的辅助公权力特点,而监督制约权力则明显不足。一方面,无论社会组织和个人是以协助权力还是证明权力的方式参与刑事诉讼,都体现了明显的辅助公权力特点。而以提供信息的方式参与刑事诉讼,也多少具有一些辅助性特点——尽管提供的信息也可能对当事人有利。这种辅助公权力特点,在不同的参与方式上表现程度有所不同。在协助权力的社会参与类型中,无论是扭送、协助调查还是跟踪帮教、社区矫正,辅助公权力特点都极为突出;在证明权力的社会参与类型中,辅助公权力主要体现为证明公权力行为的形式合法性;而在提供信息型的社会参与中,辅助公权力主要体现为通过利用社会力量节约司法资源。

另一方面,与辅助公权力相比,社会参与的监督制约公权力特点明显不足,仅有律师辩护、人民监督员制度具有非常明显的监督特点,刑事和解则由于实质上分享了部分量刑的决断权,对法院的量刑权力构成了一定的制约。在其他的社会参与方式中,几乎都缺乏实质性的监督制约的成分。

3. 协助当事人的社会参与立法有较大进展，但大部限于未成年人犯罪和轻微犯罪

从权利保障的角度来看，我国协助当事人的社会参与立法有较大进展，但大部限于未成年人犯罪和轻微犯罪，因此存在明显的局限性。一方面，我国刑事诉讼立法中的有较多旨在或部分旨在协助当事人的社会参与，无论是辩护人制度、法定代理人制度，还是合适成年人制度、刑事和解、社会调查乃至社区矫正中，都有社会组织或个人参与的身影。其中合适成年人制度、刑事和解、社会调查以及社区矫正制度都是在2012年刑事诉讼法修正时确立的，反映了立法的进步。

另一方面，但是如果仔细审视这些有利于当事人权利保护的社会参与，不难发现其一个明显特点，即这些制度尤其是新增的制度，大都有着明确的范围限制，基本上都限于未成年人犯罪和轻微犯罪。如合适成年人制度、社会调查即仅适用于未成年人犯罪；而刑事和解则仅限于因民间纠纷引起的涉嫌侵犯公民人身权利、民主权利罪、侵犯财产罪并可能判处三年以下有期徒刑的案件，以及除渎职犯罪外可能判处七年以下刑罚的过失犯罪，并排除了累犯；社区矫正也仅限于被判处管制、宣告缓刑、假释或者暂予监外执行的罪犯。这些限制虽然都有一定的合理性，但客观上大幅限制了社会参与刑事诉讼的广度。

（二）我国社会参与刑事诉讼立法存在的具体问题

前述特点分析实际上已经从宏观上揭示了我国社会参与刑事诉讼立法存在的整体性问题。但是这些特点分析是以刑事诉讼立法和司法解释为基础的概括和逻辑判断，而未涉及立法和司法解释之外的实践与经验。实际上，结合国外经验和国内实践，还可以

发现,我国社会参与刑事诉讼立法存在很多具体问题。

1. 侦查的社会参与程度相当有限

现行立法中,侦查具有国家垄断性和高度封闭性的特点,社会参与侦查的方式主要有扭送、见证、作证以及协助调查,这些方式的参与程度均极为有限,因为它们既未触及侦查的核心——侦查权的国家垄断问题,也未实质性打破侦查的封闭性问题——在侦查机关讯问犯罪嫌疑人这一关键节点上,律师都没有在场权,唯一的例外是讯问未成年嫌疑人时要求合适成年人参与。在国外许多国家,一方面,由于承认私人侦探的合法性,因此侦查权事实上为社会所部分地共享;另一方面,由于犯罪嫌疑人在受到侦查机关的讯问时,有要求律师在场的权利,因此侦查的封闭性得以部分地稀释。如果律师作为一种社会力量是毫无疑问的话,那么可以说,在允许私人侦探和讯问时律师在场的国家,其社会参与当属深度参与模式,而我国则属浅度参与模式。

2. 逮捕和起诉权力缺乏社会参与制约

在我国立法中,逮捕阶段的社会参与极其有限,仅在未成年人犯罪批捕时需要注意相关社会组织和个人的意见。起诉阶段的社会参与则只有人民监督员制度,且人民监督员的监督仅限于自侦案件;从 2003 年以来人民监督员制度运行的情况来看,我国的人民监督员制度面临诸多困境,其核心在于参与的有效性颇成问题。[1] 上述立法和实践,表明在我国逮捕和起诉阶段,社会参与严重不足,对检察权的制约极为有限。在国外,对于逮捕,由于该权力由中立的法官在两造皆备的情况下决定,其过程本身即具备

〔1〕 陈卫东:《公民参与司法:理论、实践及改革》,载《法学研究》2015 年第 2 期。

充分的开放性和社会参与性。而对于起诉,英美等国家由社会性的大陪审团负责起诉重大案件,日本则由有着充分社会构成的检察审查会复审检察决定,其各自的社会参与度毋庸赘言。相较国外的逮捕和起诉,我国检察机关的逮捕和起诉由于社会参与严重不足而缺乏外在制约,逮捕权力和起诉权力(特别是自侦案件的起诉权)的正当性饱受质疑。

3. 审判缺乏突发型社会意见的参与机制

如果仅从立法来看,新的刑事诉讼法中,社会组织或个人参与审判的途径较多,包括:一是以辩护人、代理人、证人、鉴定人、合适成年人身份参加审判;二是各类社会组织和个人可以参加刑事和解并向法官提交和解意见,以影响审判结果,特别是量刑结果;三是参加未成年犯罪量刑的社会调查。这些制度中,许多是修法新增的制度,其进步性毋庸置疑。但是,近年来一个值得重视的现象是,法院面对突发型社会意见显得束手无策,对于这一法院的困境,这些新设的制度均不足以解决。我们注意到,美国的"法庭之友"制度通过让社会团体或个人提交补充性意见的方式一定程度上吸收了突发型社会意见,避免了法院承受过重的社会压力。[1]与美国相较,我国的审判制度尚缺乏类似的程序机制。

4. 执行的社会参与有待加强

现行立法中关于执行的社会参与主要是社区矫正,另外还包括法院受理假释申请之前应当审查是否有罪犯假释后对所居住社区影响的调查评估报告。这两处立法都反映了立法机关对执行社会效果的重视,相较以往进步明显。但是从社区矫正近年来的实践来看,社区矫正主要是社区矫正机构在全力推动,相关社会组织

---

〔1〕 于秀艳:《美国的法庭之友》,载《法律适用》2005 年第 4 期。

和个人基本属于被动介入,他们参与社区矫正的积极性尚有待提高;[1]而假释受理之前的社区影响评估报告,官方的界定是由社区矫正机构或基层组织提供,导致其他社会组织或个人的参与并不明显。[2]

四、我国刑事诉讼社会参与机制的完善

刑事诉讼的社会参与直接关系到社会对刑事诉讼的直观印象,对于强化刑事诉讼中的公权力监督,充分利用社会资源,增强刑事司法的可接受性等均有重要正面影响。要想尽可能发挥社会参与刑事诉讼的正面作用,就必须对目前我国刑事诉讼社会参与立法存在的诸多问题加以改革和完善。

(一)整体架构上的改进

在整体架构上,应当将社会参与确定为刑事诉讼的基本原则,在强调利用社会资源的同时,强调社会参与的权利属性和监督特点。

1. 确立社会参与原则

如前所述,我国刑事诉讼已经从多个方面规定了不同社会主体(包括组织、团体和个人)参与刑事诉讼的制度和规则,彰显了对社会参与的高度重视。但是,这些制度和规则散见于侦查、起诉、审判和执行之中,缺少可以将其串为一个整体的基本线索。笔

〔1〕 陈毅清:《社区矫正工作存在的问题及建议》,载《人民法院报》2014年11月1日,第7版。

〔2〕《最高人民法院关于减刑、假释案件审理程序的规定》第2条。

者认为,可以考虑确立刑事诉讼的社会参与原则,以统摄这些零散的制度和规则。从既有刑事诉讼原则来看,依靠群众原则与社会参与原则与之最为接近,但是依靠群众原则存在以下两个问题:一是过去的革命化政治色彩过于浓厚;二是“依靠”显示了一种单向度、工具性的联系;而社会参与原则不具有革命化色彩,且可以彰显出公权力与社会之间的双向联系,并凸显社会组织、团体和个人的主动性、目的性。因此,笔者建议取消依靠群众原则,代之以社会参与原则。

2. 将社会参与定位为社会的权利

可能与“依靠群众”原则内涵的单向度、工具性联系有关,现行立法中,社会参与刑事诉讼更多地被视为一种可资利用的资源,而几乎不被视为一种权利。但是实际上,社会组织、团体和个人,无论从组织、团体、个人自身的利益来看,还是从公共利益来看,都可能是刑事诉讼过程和结果的利益相关者,因此他们应当享有一定的权利,如知情权、建议权、介入权乃至参与决策权等。在这种情况下,如果将社会参与主要视为一种资源工具性的适用,无疑是不合适的。笔者认为,在不排除将社会参与作为一种资源加以整合利用的同时,应当将社会参与作为一种权利看待,确立公权力机关的告知义务、听取意见义务,赋予相关的社会组织、团体和个人介入诉讼过程乃至参与决策的权利。

3. 突出社会参与的权力监督方面

与公权力主要将社会参与作为一种资源加以利用的观念有关,立法中的大部分相关制度和规则更突出社会组织、团体和个人对公权力的协助,而淡化乃至压制社会组织、团体和个人对公权力的监督制约。但是以中国当前刑事诉讼制度的高度封闭和缺乏监督的特点来看,刑事诉讼中的公权力迫切需要来自外部的监督,否则腐败、滥权、消极执法几乎不可避免。此外,长期以来只重视协助而淡化、压制监督的做法,也极大地打击了社会参与的积极性,使得通过社会参与节约司法资源的意图越来越难以实现。在这种情况下,笔者认为,应当改变过去有意淡化社会参与的权力监督方面的意识,突出和强化其监督内容。

(二)具体制度的改革与构建

在前述整体架构的改进基础上,应当对一些具体的制度进行改革,并在条件成熟时新增一些有利于社会参与的制度和机制。具体包括:

1. 扩大社会参与刑事诉讼的案件范围

目前社会组织、团体和个人参与刑事诉讼的范围总体上是非常有限的,大部分实质性社会参与都仅限于未成年人诉讼程序和轻微犯罪。这给人造成一种重罪、成年人犯罪处理无须社会实质参与的观感。笔者认为,社会参与同犯罪主体是否成年、可能的罪刑轻重并无必然联系:从公权力的角度来看,成年人的重罪行为也许更需要利用社会资源加以处理;而从社会的角度来讲,社会主体也许更希望参与重罪的处理过程。因此,应当改变目前将社会参与主要局限于未成年人犯罪和轻微犯罪的现状,尽可能在各类犯罪处理过程中全面引入社会参与。

首先,在逮捕必要性审查过程中,不仅对于未成年人或在校学生犯罪嫌疑人应该考虑其悔罪表现和是否有帮护条件,对于其他非严重犯罪,如可能判处十年以下有期徒刑的犯罪,只要其认真悔罪并且没有必须逮捕的情节,也应当听取并考虑其所在社区、居民委员会、村民委员会的意见。将来如果建立逮捕必要性听证制度,则应当允许律师将社区、居民委员会、村民委员会的意见作为辩护理由。

其次，对于附条件不起诉，目前的立法仅将其局限于未成年人犯罪，未来应当扩大附条件不起诉的范围，将其原则上适用于所有轻微犯罪。同时，在对轻微犯罪适用附条件不起诉的过程中，应当充分听取其单位、社区、居民委员会、村民委员会以及其他组织、团体和个人的意见，并落实社会协助跟踪帮教的具体措施。

再次，对于刑事和解，现行立法将其限于因民间纠纷引起，涉嫌刑法分则第四章、第五章规定的可能判处三年以下有期徒刑的犯罪，以及除渎职犯罪以外的可能判处七年以下有期徒刑的过失犯罪案件，并规定犯罪嫌疑人、被告人在五年以内曾经故意犯罪的，不适用和解程序。从实践来看，和解（以民事赔偿获得谅解的方式）的应用已经远超法定的范围，笔者认为，应当允许和解适用于所有刑法分则第四章、第五章规定的犯罪和过失犯罪，从而间接让社会组织、团体和个人参与到所有案件的和解程序中来。

最后，关于量刑的社会调查。立法中量刑的社会调查仅适用于未成年人犯罪，对于其他犯罪则不适用。从社会参与的角度来看，这大大限制了社会参与量刑调查的空间。实际上，实践中早就出现了突破此立法限制的非正式制度，未来需要做的就是承认这些非正式制度的合理性，允许社会力量参与所有犯罪的量刑调查。

2. 改革社会参与刑事诉讼的具体制度

除了需要扩大社会参与刑事诉讼的案件范围之外，还应当对一些现行社会参与刑事诉讼的制度机制进行改革，主要包括人民监督员制度和社区矫正制度。

就人民监督员制度而言，作为一种重要的社会参与机制，人民监督员制度有其成功之处，但也存在诸多问题，对此学者已有详细分析，[1]但笔者认为其关键问题在于如下几个：一是在人民监督员的监督效力上，其属于柔性监督，缺乏刚性，人民监督员的监督即便合法合理，也并不必然导致检察行为的改变；二是在人民监督员的行为方式上，其不像人民陪审员独立参与决策（至少法律上如此），人民监督员只能提供建议，在决策上几乎没有话语权；三是在人民监督员的常人知识和检察机关的专业知识之间容易发生冲突，制度上缺乏解决冲突的办法。

笔者认为，要改变目前人民监督员制度所处的困境，必须对人民监督员制度进行根本性改革。首先，应当增强任免监督选聘的随机性，祛除其中的行政性和专职色彩，以增加社会参与的机会；其次，应当赋予人民监督员监督以刚性，人民监督员书面提出意见的，检察机关必须回复，不采纳的应当说明理由；最后，应当在人民监督员和自侦机关之间适当分工，赋予人民监督员对于自侦案件中涉及民情民意的事项（如撤案、不起诉）一次否决机会，对于人民监督员的否决，检察机关不同意的必须有充分的理由。

就社区矫正制度而言，当前社区矫正的最大问题在于社会参与的积极性较差。笔者认为，要解决这一问题，应当从以下方面入手：一是要尊重社区利益，社区矫正制度设计者在致力于受刑人再社会化的同时，应当兼顾社区安全和犯罪被害赔偿等社区成员和被害人直接关注的利益诉求，只有在充分保证社区安全、恢复社区成员社会心理平衡、赔偿犯罪给被害人造成的物质损害、安抚被害人因犯罪所造成的精神创伤、重新赢得社区成员包括被害人对受

---

〔1〕 陈卫东：《人民监督员制度的困境与出路》，载《政法论坛》2012年第4期。

刑人的谅解与信任的前提下,社区矫正才能得到社会公众的认同与参与。[1] 二是在社区矫正决定的作出过程中,应当搭建公民参与的平台,确保公民的知情权与参与权。例如,在美国的社区司法、恢复性司法运动中,各种矫正措施的作出都需要听取社区代表的意见。[2] 三是吸引志愿者、NGO组织参与社区矫正。中国社区深受传统观念影响,并不愿意掺和犯罪相关事宜,在此背景下,应当采取措施鼓励、吸引社区之外的力量如志愿者、NGO组织等参与社区矫正。

3. 建立新的社会参与机制

在社会参与刑事诉讼的制度建设上,有必要借鉴国外一些成熟的经验。其中有三点值得特别强调,即律师在场权的确立、基层组织影响陈述和法庭之友制度的建立。

其一,确立律师在场权。律师是社会参与刑事诉讼的最重要方式之一,只是因为律师权利被专门讨论较多,学界却很少从社会参与的角度去审视律师的作用。律师参与刑事诉讼的方式,在侦查阶段主要是会见和讯问时在场,其中在场权是中国现行立法暂未确立的一种权利。从国外来看,尽管两大法系国家历史、文化传统和现实背景不同,但对律师在场权的核心概念却是明确的:通过律师在场权来防止国家公权力的滥用和保障犯罪嫌疑人的诉讼权利。[3] 此外,通过律师的在场,还有利于打破侦查的高度封闭性,

---

〔1〕 刘同君等:《公众认同:社区矫正的法社会学思考》,载《华东师范大学学报》(哲学社会科学版)2012年第6期。

〔2〕 陈卫东:《公民参与司法:理论、实践及改革》,载《法学研究》2015年第2期。

〔3〕 屈新:《论辩护律师在场权的确立》,载《中国刑事法杂志》2011年第1期。

破除侦查的神秘感,有助于社会了解侦查。因此,我国有必要确立讯问时的律师在场权。

其二,建立基层组织影响陈述制度。按照刑法理论,犯罪不仅侵害个人,也影响社区,进而影响国家的法律秩序。因此在刑事诉讼中,个人、社区和国家均应有代表参加刑事诉讼诉说犯罪的影响,以便更合理准确地处理犯罪。对此,西方一些国家建立了所谓社区影响陈述制度,以满足社会在此方面的基本需求。〔1〕当前我国城乡二元格局特征仍然非常明显,城市社区和农村村落在人员构成和诉求表达上均存在不同特点,因此用西方所谓社区影响陈述制度并不一定适用我国的实际。但我国可以借鉴西方的这一做法,赋予包括居民委员会、村民委员会在内的基层组织一定的诉讼地位,允许基层组织代表在诉讼过程中陈述犯罪的影响。当然,实际操作中可以将其与社区矫正结合起来,以信息共享、资源共用。

其三,建立法庭之友制度。法庭之友源起于古罗马的专家咨询制度,后被移植到美国并获得了迅速发展。这一制度的主旨是,法院在审理案件的过程中,允许当事人以外的个人或组织,运用自己的专门知识,就与案件有关的事实或法律问题进行论证,形成书面论证意见书,即法庭之友陈述,向法官提供尚未知悉的证据事实及与法律问题有关的信息,以帮助法官作出公正的裁决。〔2〕法庭之友制度是社会参与刑事诉讼的重要方式,其对于中国刑事司法有着特别重要的意义:通过法庭之友可以凝聚、传达民意,同时减

〔1〕 张吉喜:《论社区影响陈述制度》,载《南京法律评论》2015 年第 2 辑。

〔2〕 陈桂明、吴如巧:《法庭之友制度及其借鉴》,载《河北法学》2009 年第 2 期。

轻法院的民意负担。因此,中国非常有必要建立法庭之友制度。当然,在具体的制度建设上,可以限定仅在上诉法院建议法庭之友制度,以及法庭之友的意见需要律师辅助和提交等。[1]

---

〔1〕 关于法庭之友的详细程序规则建设,参见季金华:《法庭之友制度的基础与运行机制》,载《北方法学》2013 年第 2 期。

CHAPTER 07 >>

第七章

刑事案件媒体表达的自由与限度

媒体报道是刑事诉讼过程中无法回避的社会力量,因此无论中外,都会对其进行法律上的明确规制。在中国,随着新闻自由的不断发展,关于刑事案件的报道日渐频繁且影响很大,出现了不少所谓热点甚至“媒体审判”的案件。从民意的角度来讲,媒体报道是制造、反映、激化民意的重要途径,刑事诉讼要回应民意,就必须认真对待媒体关于案件的报道。

一、媒体报道刑案的两种类型:两个案例的展示

自1978年实施改革开放政策以来,我国新闻媒体获得了空前发展,绝大部分司法案件都被允许报道,案件报道空前活跃。从媒体报道司法的时间节点,以及媒体报道对司法结果影响的明显程度来看,我国媒体关于刑事司法的

报道主要有两种:法院判决之后的批评性报道和同步于司法过程的压力性报道。本书将分别以李昌奎案和邓玉娇案为例,展示这两种报道。

(一)法院判决之后的批评性报道:以李昌奎案为例

在法院判决之后对案件展开批评报道,是最近十多年来中国较为常见的媒体报道司法的方式。这类报道由于在判决之后进行,且所持观点往往与法院判决相去甚远,因此成为观察媒体对法院影响的最为明显的途径。从新闻学的角度来讲,相关案件之所以在判决之后才被报道,主要是因为这类案件多属常规案件,只有在判决结果异于常规时才具有新闻价值。下面素描的李昌奎案即属于这类案件。

李昌奎案是发生在 2009 年的大案,但其广为社会所知则是 2011 年的事情。李昌奎系云南省巧家县茂租乡鹦哥村村民。2009 年 5 月 16 日,李昌奎因两家琐事与王家飞(女)发生争吵抓打,抓打过程中李昌奎将王家飞掐晕后实施强奸,并使用锄头将其敲打致死,在遇到年仅 3 岁的王家飞之弟王家红时,李昌奎又将王家红倒提摔死在铁门门口,并随后将姐弟二人用绳子把脖子勒紧,之后逃离现场。经法医鉴定,王家飞、王家红均系颅脑损伤伴机械性窒息死亡。2010 年 7 月 15 日,云南省昭通市中级人民法院以强奸罪、故意杀人罪,数罪并罚判处李昌奎死刑,剥夺政治权利终身。2011 年 3 月 4 日,云南省高级人民法院在采纳“有自首情节、认罪、悔罪态度好,积极赔偿被害人家属”辩护意见的基础上,判决“李昌奎犯故意杀人罪,判处死刑,缓期二年执行,剥夺政治权利终身”。

李昌奎案本来是一件普通刑事案件,尽管作案过程相当残忍,但由于法律适用和基本事实认定都不存在争议，加上一审判处被告死刑符合社会期待，因此直到二审判改判之前，该案并不为媒体所关注。但是二审的改判打破了这种平静局面。在二审判决中，李昌奎由死刑改为死刑缓期两年执行，一字之差的判决引起被害人家属强烈不满。经2个月申诉无果后，2011年5月17日，受害人哥哥开通腾讯微博传播案情，并在各大网络论坛发帖，很快引发了大规模的网络跟帖和新闻报道，进而成为全国网民、媒体关注的新闻事件。媒体认为，相较2011年刚刚被判处死刑立即执行的药家鑫而言，李昌奎更为凶残，因此一边倒地认为李昌奎“应判死刑”，并对二审改判李昌奎死缓的依据一一进行了质疑和驳斥，〔1〕并有人质疑后面是否存在徇私枉法的问题。〔2〕尽管云南省高级人民法院通过各种渠道对二审改判进行了解释和辩护，〔3〕但是这些解释不仅没有平息舆论，相反遭到了更为严厉的批评和质疑。〔4〕

在舆论压力下，云南省高级人民法院启动了审判监督程序，并

---

〔1〕 参见《云南“赛家鑫”改死缓的疑问》，载腾讯网：http://view. news. qq. com/zt2011/lichangkui/index. htm，最后访问日期：2016年12月9日。腾讯网在该专题所进行的网络调查显示，97.78%的参与调查网民认为李昌奎应判死刑。

〔2〕 云南省高级人民法院对此专门作出了答复，称办案过程中不存在徇私枉法。

〔3〕 如中央电视台2011年7月13日播出的节目《新闻1+1李昌奎案：情与法 罪与罚》中，云南省高级人民法院的法官为二审改判进行了辩护，甚至主持人都较为明显的认同云南省高级人民法院的做法，参见中央电视台网站：http: //news1cntv1cn/society/20110713 /1090211shtml。

〔4〕 参见李华新：《云南高院“慎杀”和凯西谋杀女儿“不成立”》，载http:// view. shangdu. com/249/20110708/249_363738. shtml，最后访问日期：2016年12月9日；万丹：《云南省高院还不如不解释》，载http://blog. ifeng. com/article/12261300. html，最后访问日期：2016年12月9日；邓聿文：《云南高院对李昌奎改判的解释令人失望》，载《民主与法制时报》2011年7月18日，第A06版，等等。

于2011年8月22日作出再审判决。再审判决认定李昌奎“行为已分别构成强奸罪、故意杀人罪，且犯罪手段特别残忍，情节特别恶劣，后果特别严重，社会危害极大，虽有自首情节，但不足以对其从轻处罚”，认为原二审判决“认定事实清楚，证据确实、充分，定罪准确，审判程序合法，但对李昌奎改判死刑缓期二年执行，剥夺政治权利终身，量刑不当”，最终“改判李昌奎死刑，剥夺政治权利终身，并依法报请最高人民法院核准”，最高人民法院很快核准了死刑，并下达了执行死刑命令。2011年11月29日，云南省昭通市中级人民法院在宣告死刑核准裁定后，对李昌奎执行了死刑。

李昌奎案是近年来因媒体批评报道并最终促使法院改判的典型案例，但绝不是孤例，改判案例不限于刑事案件（尽管事实上绝大部分都是刑事案件），关注焦点亦不限于“平民愤”。类似的刑事案件还有刘涌案、许霆案、邱国华和蔡骥荣案、崔英杰案等。这些案件与李昌奎案一样，均为在判决（一审或者二审）作出之后引起媒体的关注与报道，最终都形成强大的舆论压力而促使法院改判。其结果则是案件的被告人或者被害人获得相较之前更为公正或者更为合理的裁判。从当事人的角度来讲，可以说媒体的报道构成了相关当事人额外乃至最后的救济手段。

当然，并不是所有媒体的判决后批评性报道都能引起法院改判的效果，进而使相关当事人获得救济。实际上，从个案的角度来看，媒体针对判决的批评性报道导致法院改判的比例并不高。但是从整体的角度来看，媒体的批评性报道有掀起强大舆论压力的能力，这使法院不得不重视并认真对待媒体的批评性报道。

（二）同步于司法过程的压力型报道：以邓玉娇案为例

与针对判决结果的批评性报道不同，许多案件甫一发生或者发生不久就因为具有较强的新闻价值而被媒体报道和跟踪。由于这类报道往往与司法的立案、侦查、起诉（如果是刑事案件的话）及审判过程如影随形，对整个司法过程有着系统性的影响和压力，因此笔者将这种报道称为同步于司法过程的压力型报道。这类报道对司法的影响虽然不如审判之后的批评性报道那么具有对立性，但是其所形成的过程性压力，对于司法的过程和结果仍然是实质性的。下面描述的邓玉娇案即属于这类报道的典型。

邓玉娇案的案情并不复杂。邓玉娇（女，1987 年 7 月 11 日出生）系湖北省恩施州巴东县野三关镇雄风宾馆梦幻城服务员。按照后来判决书的描述，2009 年 5 月 10 日晚，邓贵大、黄德智等人（均为野三关镇人民政府工作人员）酒后到该县野三关镇雄风宾馆梦幻娱乐城玩乐时，黄德智强迫要求宾馆女服务员邓玉娇陪其洗浴，遭到拒绝。邓贵大、黄德智为此极为不满，遂对邓玉娇进行纠缠、辱骂，在服务员罗某等人的劝解下，邓玉娇两次欲离开房间，均被邓贵大拦住并被“推坐”在身后的单人沙发上。当邓贵大再次逼近邓玉娇时，被坐在单人沙发上的邓玉娇从随身携带的包内掏出一把水果刀刺伤致死，并将一直在现场试图阻拦邓玉娇的黄德智刺成轻伤。案发后，邓玉娇主动向公安机关报警，5 月 11 日，邓玉娇因涉嫌故意杀人被巴东县公安局刑事拘留。

与李昌奎案不同，邓玉娇案几乎刚一发生就受到媒体的关注。案发后仅两天的 2009 年 5 月 12 日，《三峡晚报》即报道了该案件，[1]此后媒体经调查发现该案实为弱女子反抗淫官（强奸威胁）的正当防卫行为，一时媒体纷纷传播报道，引起全国轰动，并

---

〔1〕 谭廷：《镇招商办主任命殒娱乐场所》，载《三峡晚报》2009 年 5 月 12 日，第 01 版。

被称为邓玉娇刺官案。[1] 在许多媒体上,邓玉娇被称为“侠女”“烈女”,获得了几乎完全一致支持,有的制作了专门的支持网站,有的甚至亲自来到事发地表达支持,并协助邓玉娇获得律师帮助;媒体质疑该案的被害人因系当地官员,担忧其处理过程可能存在不公。[2] 网上还涌现了大批歌颂、声援、同情邓玉娇的评论、诗词、歌赋、讽刺顺口溜、明清体小说、山东快板书等。[3] 与此同时,黄德智、邓贵大等人则受到了几乎一边倒的攻击,被网民称为“淫官”。[4] 2009 年 5 月 22 日,全国妇联在其网站首页上刊登《全国妇联高度重视邓玉娇事件并将密切关注事件进展》的文章,表达了对邓玉娇案的关注。[5]

随着全国各路媒体纷纷报道该案,巴东县公安机关先后于 5 月 12 日、13 日、18 日三次主动披露案情,最后一次披露的案情逐渐与媒体调查所获得的信息基本一致。巴东县公安局长亦在 5 月 20 日接受媒体采访,巴东县政府新闻发言人也在 5 月 22 日通报了“邓玉娇案”侦办的最新情况。2009 年 5 月 31 日,公安机关向

---

〔1〕《湖北邓玉娇刺官案深度调查》,载 http://cq.takungpao.com/content.asp?id=18060,最后访问日期:2016 年 12 月 9 日。

〔2〕植予:《巴东警方真像被刺官员的“辩护律师”》,载《扬子晚报》2009 年 5 月 19 日,第 A12 版;《邓玉娇涉嫌故意杀人,邓贵大岂不死得光荣》,载中国新闻网:http://www.chinanews.com/gn/news/2009/05-19/1697649.shtml,最后访问日期:2016 年 12 月 9 日。

〔3〕《“邓玉娇案”为何能激发“井喷式”创作热情》,载中华网:http://culture.china.com/zh_cn/info/hot/11022810/20090612/15520430.html,最后访问日期:2009 年 6 月 12 日。

〔4〕徐庆丰:《杀淫官的邓玉娇曾在义乌工作》,载 http://epaper.jhnews.com.cn/site1/zzxb/html/2009-05/21/content_1001052.htm,最后访问日期:2016 年 12 月 9 日。

〔5〕《全国妇联高度重视邓玉娇事件并将密切关注事件的进展》,载中国妇女网。

检察机关移送审查起诉,6 月 5 日,巴东县地区检察院已经将邓玉娇起诉至巴东县人民法院,检方起诉的罪名是故意伤害罪,同时也认为邓玉娇具有防卫过当、自首、死伤者有过错在先等减轻或免除处罚的情节。6 月 14 日,邓玉娇被鉴定为患有"双相心境障碍"的精神疾病,具有部分刑事责任能力。6 月 16 日,湖北省巴东县人民法院一审公开开庭审理了邓玉娇案,认定邓玉娇防卫过当,构成故意伤害罪,并作出对邓玉娇免予刑事处罚的判决。从案发到法院作出判决,整个过程历时仅 37 天。此外,黄德智和邓中佳均被处理,黄被开除党籍和公职,邓则被解除聘用合同。邓玉娇本人则在此事之后,改名换姓远走他乡。〔1〕

邓玉娇案堪称 2009 年度最具轰动性的案件之一,也是媒体全程报道和参与案件处理的一个高峰。正如前面的考察所揭示的,媒体的全程介入不仅影响了诉讼过程,促使审前办案过程更加公开透明和高效,而且直接影响了诉讼结果即邓玉娇的命运,涉案的相关人员也得到严肃处理。考虑到邓玉娇案的被害人是地方实权派官员,可以说正是媒体的报道成功防止了地方权力可能造成的不公正审判。

当然,最近十多年在中国发生的类似案件还有很多,媒体报道所涉主题也并不限于邓玉娇案中的官民冲突,而是几乎包括了当前中国社会的各种对立、冲突和忧虑的关键词,如官民冲突(张金柱案、杨佳案、崔英杰案等)、权贵与平民冲突(李启铭案、李某某案等)、贫富差距(苏秀文案)、医患矛盾(连恩青案)、情法困境

〔1〕 许魏巍:《邓玉娇事件最新消息曝光　已改名嫁人求被"遗忘"》,载中国经济网:http://fj.ce.cn/n02/n456/201408/01/t20140801_1695214.shtml,最后访问日期:2016 年 12 月 9 日。

(廖婷婷案、于欢案)、道德底线(韩磊案)、弱势群体(王斌余案)、社会保障缺陷(廖丹案)等,并以涉及官民冲突、权贵平民冲突的报道为多。只是其中有的报道仅仅影响了诉讼过程的节奏或透明性,有的则进一步影响了诉讼结果乃至改变了当事人的命运。

二、媒体报道对刑事司法的影响

媒体报道具有极强的话题制造、意见集聚以及快速传播的效应,生活在其中的公安司法机关不可避免地受其影响。加上中国媒体与政治宣传的实质联系,公安司法机关甚至不得不主动关注这些报道。与此同时,媒体报道对深陷其中的当事人的影响,更是不可忽视。从前文所展示的李昌奎、邓玉娇案以及近年来发生的其他热点案件来看,媒体报道不仅对个案司法有着实质性影响,对于整个制度系统都有不可忽略的作用。

(一)个案影响:过程与结果

媒体报道对个案的影响,前文李昌奎案和邓玉娇案可以说已经将其展露无遗。结合全国其他地方发生的案件,这些个案影响主要包括:

1. 过程性影响

过程性影响在类似于邓玉娇案这类案件刚一发生即受媒体关注的案件中体现最为明显。这种过程性影响主要表现在:

其一,个案的诉讼过程的封闭性被迫减弱。我们知道,刑事诉讼除了审判之外,侦查、起诉乃至执行都具有高度的封闭性,社会一般并不知道相关政法部门的所作所为,甚至律师也仅有有限的了解(除技术性材料外,律师只能在移送审查起诉之后才能阅卷）。媒体介入报道之后，侦查机关、检察院、法院甚至执行机关不得不以各种形式向社会通报案件进展以及关键信息，从而使这种封闭性有所减弱。

其二，公安司法机关的诉讼行为被迫更为规范。与诉讼过程的封闭性特点直接有关，加上案件负担沉重，我国公安司法机关特别是侦查机关、起诉机关的司法行为历来不甚规范乃至存在违法犯罪行为（如刑讯逼供、民事纠纷作为经济犯罪处理等）。一旦获得媒体关注，在个案上，公安司法机关的违规、违法行为基本被有效制止，行为变得更加符合法律规范。

其三，个案诉讼进程受到很大影响。通常来讲，受官僚组织习惯的支配，公安司法机关几乎都会对刑事诉讼的各种期限采取“用尽原则”，而不会提前结束某个环节。但是一旦媒体高度关注某个个案，情形就会有所不同。案件可能会被特事特办，侦查、起诉、审判可能会以“惊人”的速度被推进。例如，邓玉娇案发生后，从案发到法院作出判决，整个过程历时仅37天。如果在常规案件中，37天能否完成侦查都很难确定。

2. 结果（权利）性影响

媒体报道的结果性影响，首先当然是个案的诉讼结果上的，当然也可能是当事人的诉讼权利和其他权利层面的。

其一，从个案的诉讼结果来看，如前所述，虽然很难说媒体报道一定会改变诉讼结果，但是媒体报道又确实对诉讼结果有实质性影响，这种实质影响应该说是概率性的，即媒体介入远比常规进程更可能改变诉讼结果。当然，具体到某一方，这种结果的改变可能是有利的，也可能是不利的，这取决于媒体报道所激起的公众意见的极化程度，以及法院在媒体报道面前的权衡。

其二，从诉讼权利的角度来看，媒体报道具有两面性。好的一面是,其可以促进诉讼过程更为公开,因此当事人的知情权能够得到更好的保障;同时,由于媒体的介入,律师(无论哪一方)的权利行使不会受到常规案件可能遇到的阻扰。不好的一面是,其对被告人的公正审判权造成负面影响。公正审判权要求"人人完全平等地有权由一个独立而无偏袒的法庭进行公正的和公开的审判",媒体报道可能影响法院的独立判断,因此被认为是对被告人公正审判权的损害。

其三,从其他基本权利的角度来看,媒体报道可能会侵犯当事人以及其他利益相关者的尊严和隐私。媒体报道为了吸引眼球,深度挖掘、夸张、歪曲甚至造谣都不同程度的存在。这些媒体报道的方式,无论对于被告人还是被害人,都会有巨大影响。例如,在一些刑事案件中,被告人的公正审判权、当事人家庭的隐私权甚至未成年人的基本权利等,在很多时候被无视(如未成年人李某某强奸案中李某某的姓名权及其家人的隐私权);再如,在一些涉及社会伦理常规的事件中,被认为违背伦理常规者往往被肆意谩骂(想想王宝强之妻的遭遇),其许多基本个人信息都被"人肉"和披露。换言之,这种通过媒体的权力监督和权利救济很多时候都超越和忽视了法律。

(二)媒体报道的系统效果

无论李昌奎案件还是邓玉娇案,媒体报道的影响都是显而易见的。不过必须注意的是,媒体报道的影响并不限于个案,而是制度性的。过去人们较多关注媒体报道对当事人、对司法机构的影响,很少注意这种报道的系统性效果。

1. 直接效果:媒体报道成为最有效的救济方式

如前所述,李昌奎案中的被害人家属获得了更为公正合理的判决，而邓玉娇案中的被告人邓玉娇也获得了更为合理的处置。从权利保护的角度来讲，可以说他们在媒体报道的影响下都获得更好的救济。李昌奎案、邓玉娇案远非个案，因此这种救济也非偶然。实际上，通过媒体的救济已经成为一个非正式的制度事实。一方面，不仅如一些判决实质性地赋予了媒体司法报道以救济效力，而且最高司法机关也在事实上已经部分承认了媒体的话语权。比如，最高人民法院已经明确要求法院系统关注、收集网络、媒体的相关报道，并"健全和创新民意转化（为决策的）机制"，〔1〕最高人民法院院长周强也强调要"让审判与舆论良性互动"。〔2〕另一方面，也是更为重要的是，大量案件的利益相关者已经将媒体作为自己获取救济的重要乃至最佳途径。许多人认为找律师不如找记者，〔3〕中央电视台著名的曝光节目《焦点访谈》甚至被称为"焦青天"；〔4〕与之相应，来信来访已经成为媒体司法报道的重要来源，曝光、申冤的信息更是挤满了各大网站的论坛空间，充斥于微博、微信之中，〔5〕其目的诣在希望通过媒体扩大影响引起关注。可以说，从司法报道自能够实质性影响法院判决之日起，其就不再是一般的媒体报道，而是案件利益相关者寻求救济的重要工具，只是有

---

〔1〕 参见《最高人民法院关于进一步加强民意沟通工作的意见》。

〔2〕 周强：《法院健全民意沟通机制　自觉接受舆论监督》，载 http://news.china.com.cn/2014lianghui/2014 - 03/10/content_31736924.htm，最后访问日期：2016 年 12 月 9 日。

〔3〕 参见百度知道：http://zhidao.baidu.com/link?url = Xg4VaNOV6AfG4gXOw - wQgfxBf4UehPQc2r - fAZiyfVxG6abSbtVBrs50pgfck7g - 2I9816UZGY6gDgYTEgHTy_，最后访问日期：2016 年 12 月 9 日。

〔4〕 徐迅：《中国媒体与司法关系现况评析》，载《法学研究》2001 年第 6 期。

〔5〕 这类寻求救济的微博、帖子充斥于新浪、搜狐、腾讯等各大门户网站以及 QQ、微信信息之中。

时其是作为辅助性救济工具出现的,有时候则成了利益相关者正式司法救济失败后的最后希望。

2. 附带后果:媒体报道成为制约地方权力的重要手段

如果说权利救济是从结果层面体现了媒体报道的制度性影响的话,那么对地方权力的制约则主要是从过程层面着眼的。在李昌奎案中,媒体对改判背后是否存在黑幕其实一直心存怀疑;而在邓玉娇案中,担心被告人因地方权力影响而受到不公正处置更是贯穿媒体报道始终。从过程的角度来讲,这些怀疑和担心大大增加了地方权力的压力,不仅迫使司法过程更加透明,也使得党政权力不敢越权干预司法裁判。不仅如此,在邓玉娇案中,媒体的报道还引起了超出案件之外的效果,比如该案与邓贵大一起的黄德智被"开除共产党党籍"并撤销职务,邓中佳则被解除岗位合同;同时,巴东县所属的恩施州下发通知要求坚决打击娱乐场所的各类违法犯罪活动,严肃查处违纪违法公职人员。其实,几乎所有的司法报道都有着类似作用,尤其在关于官民矛盾、权贵与平民冲突、官员腐败滥权案件的报道中,这种权力制约作用更为明显。只是有的仅仅针对案件本身,有的则将影响的范围延伸至整个地方权力体系。

3. 意料之外的后果:不可控的风险

最后值得注意的是,强势媒体还存在一定的不可控风险。这种不可控的风险主要包括两个方面:一方面,这种权力和较大的自由度容易被利用从而使媒体背负某种道德风险。确实,经过媒体的报道,一些权力机关和官员被监督,一些个人和个案因此获得了较为公正合理的结果,并由此形成了某种媒体监督和救济相当有效的社会认知。但是这种社会认知也容易被一些不良媒体和媒体人借助于新闻的选择逻辑——只有具有新闻价值的事件、案件才能够被报道——而谋求不正当的经济利益或好处，有的甚至涉嫌犯罪。[1]

另一方面，强势媒体的新闻运作过程不仅很难促使意见理性化，相反往往推波助澜造成过激言论以至于民粹主义、极端主义的产生，加之参与人数众多，容易造成集体狂欢和群体对立，甚至引发社会撕裂和政治冲突。[2] 不仅如此，正如学者指出的，新型媒体如互联网公司等已经具备了强大的超级社会活动能力、超级链接能力、超级金融和资本能力以及超级进化能力，[3] 在笔者看来这种能力巨大的新型媒体对于“党管媒体”而言，已经构成了事实上的挑战。[4]

三、媒体报道的强势影响何以可能：基于动力机制与制度空间的分析

如果和国外法治国家比较，可以发现中国媒体的力量大得惊人，至少在刑事司法领域是如此。在西方法治国家，媒体如此明目张胆地报道、评论未决案件是不多见的，法院因为媒体报道而采取

---

〔1〕 实践中这类例子并不罕见，典型的如2014年被曝光的21世纪网相关负责人涉嫌的新闻敲诈事件。详情参见“21世纪网新闻敲诈”专题，载中国网：http://opinion.china.com.cn/event_3503_1.html，最后访问日期：2016年9月1日。

〔2〕 详见姜斌：《群体观念的形成机制》，载《浙江社会科学》2010年第3期。

〔3〕 《巡视组向中宣部反馈：党管媒体原则贯彻到新媒体领域存薄弱点》，载http://www.qyxwlw.com/zqsf/bencandy.php? fid=31&id=767，最后访问日期：2016年12月9日。

〔4〕 一个典型的例证，是中纪委第一巡视组曾向中宣部反馈提到“党管媒体”原则贯彻到新媒体领域存薄弱点，载中纪委官网：http://www.ccdi.gov.cn/yw/201606/t20160607_80158.html，最后访问日期：2016年12月9日。

特别措施(如迅速启动特别程序等)乃至改变审判结果则更为罕见。中国的媒体为何有如此大的影响?这是一个需要优先从制度上加以审视的问题。

（一）媒体报道案件的动力机制

在理解中国媒体的司法报道之前,必须弄清中国媒体的复杂而独特的面孔及其背后的动力机制。可以肯定的是,中国媒体不同于西方完全商业化的媒体,但也绝不再是一个政府的部门。[1]事实上,抛开历史不谈,至少从现状来看,中国媒体已经具有相当的商业化和新闻职业主义者的面目。当然,如果仅仅看到这一点而忽略中国媒体背后的国家权力因素,则将失去理解中国媒体报道案件最关键的动力机制。

首先,正如许多学者所提到的,中国的司法报道同其他报道一样,同样受到商业目的的推动。自从党和政府削减并最终取消对绝大部分媒体的财政支持,把媒体推向市场以来,绝大部分媒体就不得不从市场中自行获取收入,从而直接导致了中国媒体的商业化浪潮。[2] 在商业化的驱动下,中国的媒体在承担传统的宣传功能的同时,开始想方设法通过新闻吸引注意力,力求迎合大众品味,以求扩大市场的占有份额。由于司法案件本身内含的当事双方的冲突性、案情可能的戏剧性、官方的深度介入性,以及案件与人们日常生活的紧密相关性,使他们本身就是媒体重点关注的对象。一旦某些案件的发生或者判决可能引起大众的兴趣,媒体自

---

〔1〕 See Benjamin L. Liebman, *Watchdog or Demagogue? The Media in the Chinese Legal System*, Colum. L. Rev. 1 (2005).

〔2〕 陈怀林:《九十年代中国传媒的制度演变》,载香港,《二十一世纪》1999年第6期。

然就会很快介入,从而与受众一起,将案件变成新闻事件。在本书所列举的李昌奎案、邓玉娇案中,前者即是因为该案判决结果的超乎预期,以及与之前刚刚尘埃落定的药家鑫案形成鲜明对比而被关注和报道;后者则是因为案件本身所内含的弱女子反抗淫官的故事性,以及其与民众日益对地方官员不满的心态相符而被广泛报道和传播。

其次,虽然处于并不明显的地位,中国媒体的司法报道还受媒体职业主义的影响。所谓媒体职业主义,是指一套关于媒体人职业信念、职业伦理、职业精神和职业态度的规范体系,按照陆晔、潘忠党两位先生的概括,其要求媒体具有社会公器的职能,新闻工作必须服务于公众利益,而不仅限于服务政治或经济利益集团;要求新闻从业者是社会的观察者、事实的报道者而不是某一利益集团的宣传员;要求新闻工作者是信息流通的"把关人",采纳的基准是以中产阶级为主体的主流社会的价值观念而不是政治、经济利益冲突的参与者或鼓动者;要求新闻工作者以实证科学的理性标准评判事实的真伪,服从于事实这一最高权威,而不是臣服于任何政治权力或经济势力;要求新闻工作者受制于建立在上述原则之上的专业规范,接受专业社区的自律而不接受在此之外的任何权力或权威的控制。〔1〕尽管也许无法与西方国家的新闻专化程度完全一致,并且受到国内部分学者的质疑,〔2〕中国的新闻改革已经涉及了很多符合专业主义的内容,其中包括反对"假、大、空",

---

〔1〕 陆晔、潘忠党:《成名的想象:社会转型过程中新闻从业者的专业主义话语建构》,载台北,《新闻学研究》2002 年第 4 期。

〔2〕 相关质疑,参见芮必峰:《描述乎? 规范乎? ——新闻专业主义之于我国新闻传播实践》,载《新闻与传播研究》2010 年第 1 期;张垒、刘旻:《职业理念够了吗:新闻专业主义话语的另面》,载《新闻与传播研究》2015 年第 3 期。

以事实说话；强调贴近生活，提高媒介的服务性；反对“有偿新闻”，提倡新闻业的职业伦理；呼唤舆论监督以及内容采编和媒体经营的分别管理等；尤其是基于“成名的想象”，中国的媒体从业者包括新媒体中的新型媒体人，为了成为著名的新闻从业者，或者是获取专业或职业的名望，或者基于某种价值观念，也的确会在许多时候不限于市场取向而基于记者的职业伦理报道新闻事件。[1]

最后，但可能最重要的是，中国的司法报道背后有着决定性的国家权力因素。必须时刻牢记，尽管商业化大潮汹涌，媒体职业主义开始兴起，媒体不再单纯是政府的一个部门，但是无法否认的事实是，媒体的控制权仍然牢牢掌握在党和政府手中：不仅国有的媒体均受国家控制（包括股权控制、人事控制以及内容控制），而且私有的网络媒体也受中宣部严格的准入把关和内容控制。实际上，中国媒体的商业化更多体现在非政治的社会文化娱乐领域，专业主义则主要源于个人的短期计算，更宏观和更理想化的专业主义追求并未成为新闻生产者关注的重心，而且这种追求本身仍然受到确定的严格约束。[2] 从另一个角度观察，大量更具市场吸引力、从公共责任角度来讲更应当报道的事件并没有得到报道即是证据。在这种背景下，媒体能够大规模报道司法案件，除了商业化和职业主义的推动，更重要的应当是其背后有着国家权力的首肯。实际上，在过去的30年中，中国官方其实一直都在提倡和鼓励舆论监督：中共自十三大以来，直到最近的十八大，几乎历次党的代

---

〔1〕 陆晔、潘忠党：《成名的想象：社会转型过程中新闻从业者的专业主义话语建构》，载台北，《新闻学研究》2002年第4期。

〔2〕 陆晔：《新闻生产过程中的权力实践形态研究》，载中国传统学论坛《信息化进程中的传媒教育与传媒研究——第二届中国传播学论坛论文汇编》，上海，2002年。

表大会(唯一的例外是十七大)均强调要利用舆论监督的力量,并且把舆论监督和党内监督、民主监督、法律监督并列为同样重要的监督手段。这里的舆论监督,简单地说就是允许新闻媒体在一定范围内了解公共事务并进行批评报道。可以说,正是官方对舆论监督的提倡和鼓励,为媒体的司法报道提供了空间。

(二)媒体报道案件的制度空间

当然,仅仅有足够的动力,并不足以让媒体具有如此大的影响力。在西方法治国家,媒体的商业化程度更高,理论上有着更大的动力去报道一些能够吸引眼球的案件,但是由于法律的限制,媒体并不敢越矩如中国媒体一般肆意报道未决案件。在这个意义上,中国媒体能够有这种影响力,实是因为中国法律制度上有着这种媒体报道的足够的空间。

1. 宏观的新闻自由:西方的偏见与中国的实际

国外媒体一般认为中国新闻自由受到极大限制,以至于中国的新闻自由排名非常靠后。但是实际上,如果抛开涉及政治敏感问题的言论,中国的媒体是有相当的自由的。中国宪法明确规定公民享有言论、出版自由,有提出批评和建议的权利,刑法、行政法、著作权法、侵权法等也都对言论自由有着相当程度的制度保障。近年来,中国政府还逐步建立健全了有关新闻传播领域的法律法规制度,包括鼓励媒体依法进行新闻采访、舆论监督、保障新闻从业人员合法权益、保护新闻出版单位知识产权等内容。这些制度保障,使中国的新闻传播业出现蓬勃发展的局面,中国内地实际一年出版报纸 1900 多种,总印数 480 多亿份,期刊 9800 多种,拥有播出机构 2500 多座,有线电视用户超过 2 亿户。根据《中国新媒体发展报告》的统计,2015 年中国网民规模达到 6.88 亿人,手机网民达6.2亿人,网站达423万家,经认证的媒体类微博有26,259个,微信公众号超过1000万个,移动新闻客户端达到5.2亿个,以“微博、微信、新闻客户端”为主体的“两微一端”的新媒体传播形态正在形成。[1]

此外,从管制角度来看,过去那种饱受批评的事前内容审查管制模式已经相当少见,加上中国特有的新闻属地管理模式(请见后文),新闻媒体受到的具体行政或党委管制已经非常有限。新闻媒体在经济、社会、文化领域以及地方政治领域的新闻自由度,可以说已经和西方同行没有实质区别。在某些方面,甚至中国的媒体更为自由(想想股市中的谣言!)。

2.具体的限制:制度缺失与媒体空间

如果聚焦于司法报道,甚至可以发现,相较西方的同行,中国的媒体有更大自由。从西方的法律制度来看,各国的司法报道都受到不同程度的限制:其一,在采取保护司法模式的英国,为避免干扰正在进行的诉讼程序,言论自由受到了很大限制,大量藐视法庭的刑罚制裁被使用,以控制可能使诉讼产生偏见的事件和意见的透露。其二,在采取禁止模式的德国、法国,由于采取审前信息的保密制度,以及鼓励通过民事侵权诉讼保护个人名誉和尊严,媒体对未决案件的报道也受到实质的限制。其三,即便在采取保护言论自由模式的美国,媒体报道也受被告人公正审判权的限制。[2]

西方发达国家的媒体受这些不同模式的限制,对于未决案件

---

〔1〕 唐绪军主编:《中国新媒体发展报告(2016)》,社会科学文献出版社2016年版,第2~5页。

〔2〕 [意] Giorgio Resta:《媒体的疑难案件:一种比较法的视角》,刘金晶译,载《浙江社会科学》2010年第3期。

的报道总是小心翼翼，既不敢进行有明显偏见的评论，也不敢对隐私性背景进行挖掘，更不敢夸大其词乃至造谣。而在中国，除了对未成年人有着（或许）较严厉的保护，对涉及成年人的犯罪案件的判决前报道几乎没有任何限制：法院的权威不是媒体报道的障碍，相反法院要积极主动与媒体沟通；被告人的公正审判权概念尚未确立；涉案当事人及其家人的尊严、隐私均缺乏刚性的法律保护措施。正是在这种制度背景下，中国的媒体在案件报道上享有极大的自由：其可以对涉案当事人的背景一再挖掘乃至猜想，即便涉及当事人及家属的隐私（想想“我爸是李刚”及其后续挖掘！）；可以对法院、法官进行无端的推测、猜忌，对此法院不仅不能予以惩罚，还必须解释；更有甚者可以在网络上造谣乃至煽动（想想李某某案！）而几乎不受实质性限制。

四、刑事诉讼过程中媒体报道的规制

显然，从中国媒体案件报道的影响来看，必须对其加以法律规制，否则不仅法院的独立审判和权威受到威胁，当事人的诉讼权利和尊严、隐私均将受到不同程度的侵害。但是，正如前文所述，中国媒体之所以有如此影响力，有着非常复杂的制度和体系性根源，因此在对其规制之前，必须要考虑更多的因素。

（一）规制的前提条件：国家治理体系的转变

党的十八届三中全会提出：“全面深化改革总目标是完善和发展中国特色社会主义制度，推进国家治理体系和治理能力现代化。”此后一系列改革举措，为从法律上规制媒体报道提供了条件。

1. 司法权的中央化改变

经由中国共产党十八大报告、十八届三中全会《关于司法体制改革试点若干问题的框架意见》以及《人民法院第四个五年改革纲要(2014—2018)》等重要文件的披露,新的领导集体关于司法改革的思路有着相较以往的重大突破,司法权的中央化迈进了一大步:

其一,探索建立与行政区划适当分离的司法管辖制度。为维护国家法制统一,优化司法资源配置,纲要就建立与行政区划适当分离的司法管辖制度作出了安排。主要措施包括:(1) 在管辖制度方面,通过提级管辖和指定管辖,确保行政案件、跨行政区划的民商事案件和环境保护案件得到公正审理。(2) 在法院管理方面,巩固铁路运输法院管理体制改革成果,将林业法院、农垦法院统一纳入国家司法管理体系,改革部门、企业管理法院的体制。(3) 在机构设置方面,建立上级法院在重大、疑难、复杂案件较多的地方派出巡回法庭工作机制。进一步推动环境资源审判机构建设。(4) 在法院设置方面,推动在知识产权案件较集中的地区设立知识产权法院。

其二,推动省以下地方法院、检察院人财物统一管理。对人的统一管理,主要是建立法官、检察官统一由省提名、管理并按法定程序任免的机制。对财物的统一管理,主要是建立省以下地方法院、检察院经费由省级政府财政部门统一管理机制。地方各级法院、检察院经费上收省级统一管理时,要考虑各地经济社会发展实际,使各地办公经费、办案经费和人员收入不低于现有水平,为办公、办案提供必要的物质保障。上海改革方案对如何建立统一管理机制作了具体安排,在市级组建法官、检察官遴选、惩戒委员会,并建立统一管理全市人民法院、人民检察院经费、资产的保障机制。

其三,明确四级法院职能定位。与本书相关的重要举措有两条:一是完善提级管辖制度,明确一审案件管辖权从下级法院向上级法院转移的条件、范围和程序,充分发挥中级、高级人民法院通过提级审理重大、疑难、复杂和新类型案件,指导类案审判工作,确保法律统一适用的功能,压缩个案请示空间。二是推进最高人民法院内设机构改革,建立真正符合最高人民法院法律职能的机构设置模式,同时最高人民法院还将建立将本院作出的裁判转化为指导性判例的机制,充分发挥其确保法律统一正确实施、维护国家法制统一的职能。

2. 十八大之后的纪委监察体制改革

十八大之后的纪委监察体制改革实际分为两步:一步是十八大之后很快推行的纪委管理体制改革;另一步则是 2016 年年底开始试点的国家监察委员会建设。

具体而言,一方面,关于纪委管理体制改革。众所周知,在十八大之前,纪委的管理体制一直实行"双重领导",即受上级纪委和同级党委领导,并在不同时期有所偏重。[1] 实行双重领导体制的后果,就是纪委的纪律检查与司法一样,也相当程度地地方化了,纪律检查效果不佳,中央制约地方官员力度极为有限,官员腐败得不到有效遏制。十八大之后,中纪委试图改变这种状况,采取了一系列措施试图加强纪委的纪律检查力度:一是确立了中纪委巡视制度,加强了中纪委对部委和地方官员的直接纪律检查;二是

〔1〕 1977 年中国共产党十一大通过的《党章》规定,各级纪委受同级党委领导。1980 年,中央批准地方纪委改为受同级党委和上级纪委双重领导,但以同级党委领导为主。1982 年十二大通过的《党章》仍然强调双重领导,但是去掉了"以同级党委领导为主"的表述。

推动加强了反腐败线索管理，要求重大反腐败线索须上报上级纪委，同时加强了纪委监察网站的建设，鼓励网络反腐；当然最重要的是在坚持双重领导的同时加强了垂直管理。党的十八届三中全会《关于全面深化改革若干重大问题的决定》中提出，“强化上级纪委对下级纪委的领导”，并具体要求“查办腐败案件以上级纪委领导为主，线索处置和案件查办在向同级党委报告的同时必须向上级纪委报告。各级纪委书记、副书记的提名和考察以上级纪委会同组织部门为主”。这意味着，中央已经正式上收了省级纪委书记乃至副书记的任免权，纪委系统由过去的完全属地管理变成了半垂直管理。〔1〕

另一方面，关于国家监察委员会从试点到全面推开。从官方披露的信息来看，设立这一委员会的初衷在于建立中国反腐败的制度体系，核心在于既加强党的自我监督，又加强对国家机器的监督，从而形成全面覆盖国家机关及其公务员的国家监察体系。在地位上，国家监察委员会地位很高，由同级人大产生，与同级的一府两院平行并列。在职能上，国家监察委员会的职能聚合了原来政府内部行使的行政监察，政府外部检察院的反贪污、反渎职、预防职务犯罪等内容，职能相当广泛和集中。总的来看，试点中的国家监察委员会可谓位高权重，〔2〕有望克服过去监督力量分散之弊，实现对国家机构和官员监督的全面覆盖，从而建立一个权威的国家公权力监督制度体系。

---

〔1〕 关于中纪委改革的更详细内容，参见《党的纪律检查体制改革实施方案》。

〔2〕 戴立兴：《设立监察委员会为的是啥》，载《人民论坛》2016年第35期。

3. 中央与地方财政事权和支出责任划分改革

2016 年 8 月，国务院发布了《关于推进中央与地方财政事权和支出责任划分改革的指导意见》，对中央与地方财政事权和支出责任划分改革作出了全面部署。这项改革的本意是解决现行中央与地方财政事权和支出责任在划分上存在的不同程度的不清晰、不合理、不规范等问题，但本质上是对中央和地方关系的一次大变动，并将扩大中央的控制力，其中与本书主旨直接相关的包括：[1]

一方面，在总体要求层面，明确了中央在财政事权确认和划分上的决定权，提出要适度加强中央政府承担基本公共服务的职责和能力，维护中央权威。另一方面，在具体改革的主要内容中，提出适度加强中央的财政事权，减少并规范中央与地方共同财政事权，并建立财政事权划分动态调整机制，在加强中央在保障国家安全、维护全国统一市场、体现社会公平正义、推动区域协调发展等方面的财政事权的同时，明确在条件成熟时，将全国范围内环境质量监测和对全国生态具有基础性、战略性作用的生态环境保护等基本公共服务，逐步上划为中央的财政事权；并明确指出中央的财政事权由中央承担支出责任，地方的财政事权由地方承担支出责任，中央与地方共同财政事权区分情况划分支出责任。

（二）刑事诉讼过程中媒体报道的法律规制

从上述三大改革来看，国家正式组织体系将会发生明显的改变。如果这些改革得到全面执行，相信官员违法违纪、滥权腐败定

---

〔1〕 详见《国务院关于推进中央与地方财政事权和支出责任划分改革的指导意见》。

会得到遏制,人民群众也将会获得更加公平正义的救济。具体而言,一方面,十八大以来中央司法改革的意义在于,从立案登记制、人财物的部分中央化到案件管辖的部分非属地化,以及最高人民法院统一司法适用功能的强化,都将促使国家(中央)的法律执行进一步打破地方的束缚,法院审判相对独立于地方,从而为审判更为公正合理创造制度条件。这样的非地方化的改革安排,有助于提高司法真正制约权力和提供救济的制度供给能力,进而可能导致"通过媒体的国家治理"之需求有所减弱。另一方面,中央纪委和监察体制的改革,以及中央扩大财政事权范围和支出责任的改革,不仅意味着反腐的广度、深度和制度化程度都将大大增强,也相当程度上意味着中央和地方关系的重构尤其是中央控制力的加强,对于通过垂直权力和平行权力制约地方当局有着非常关键的意义,这也有助于降低使用媒体制约地方权力的强度。在此背景下,对媒体的案件报道进行法律规制的宏观条件已经逐步具备。为此,下文将提出一个法律规制的具体方案。

1. 需要平衡几组基本关系

在讨论如何规制媒体报道之前,首先必须弄清楚媒体报道案件所面对的几组基本关系。一是法律规制和媒体自由的关系。在对媒体报道进行规制的同时,要充分的考虑媒体的知情权,不得任意限制媒体的新闻自由和合理报道。二是新闻自由和公正审判权之间的关系。新闻报道应该以不严重影响被告人的公正审判权为前提。三是新闻自由和无罪推定的关系,对于未决案件,新闻报道必须保持克制,不可在法院裁判之前作出倾向有罪的评论。四是新闻自由与司法权威的关系。对于司法行为和司法结论,媒体必须保有起码的尊重,不得毫无根据地猜测甚至谩骂。五是新闻自由和被告人、被害人以及其他利益相关者的尊严和隐私的关系。

新闻报道在关乎利益相关者的隐私和尊严时，应当足够克制。

2. 完善公安司法机关的信息发布制度

在对媒体报道进行法律规制之前，必须充分关照媒体的知情权，应当规范诉讼各阶段的信息发布。2009 年，全国法院系统开始建立新闻发布制度，目前该制度已经在全法院系统全面建成，对强化法院与社会的沟通发挥了重要作用。但是目前的新闻发布制度仍然存在一些问题，主要体现在对于新闻发布的内容尚缺乏规范。在国外，为了确保侦查的顺利进行，以及保障公众的知情权，无论是英美法系的美国还是大陆法系的德国、法国，都明确规定了侦查阶段禁止发布的事项。我国目前尚无此类规范，公安司法机关的新闻发布机构要么毫无理由地不透露任何信息，从而影响公众的知情权；要么为了迎合社会舆论而无所禁忌地发布相关信息，对案件侦查、起诉乃至审判都有不可估量的不良影响，还可能侵害利益相关者的诉讼权利和其他权利。为此，笔者认为，亟须明确我国各个诉讼阶段新闻发布的内容，尤其是禁止性事项。

3. 明确不得报道的范围

对于不得报道的范围，目前我国刑事诉讼法仅规定了不公开审理案件的种类，因此对于这类案件的审理，媒体无法采访报道，但并不排除媒体在侦查、起诉期间的报道和自行挖掘报道；对于其他案件或事项的报道，目前我国法律尚缺乏相应的规定。刑事诉讼法规定的禁止报道范围明显过窄，至少存在以下问题：一是刑事诉讼法规定的仅限于审判，对于这类案件的侦查、起诉、执行阶段媒体是否可以报道，法律没有明确规定。如果仅仅审判阶段不可报道，侦查、起诉阶段可以报道，审判阶段的不公开审理制度就成了一纸空文，则禁止审判期间报道所保护的价值如隐私、国家秘密、商业秘密等仍然会受到侵害。二是某些特殊的事项，如证人作证、被害人出庭作证等，出于证人保护的需要，也不宜公开，但刑事诉讼法未作周全的保护性、禁止性安排。

有鉴于此，笔者建议，一方面，应当在侦查、起诉、审判、执行各阶段均明确禁止媒体报道的案件范围，以全面保护隐私等相关价值；另一方面，对于出庭证人需要保护的，在证人、被害人出庭作证时，应当允许法庭采取部分不公开审判措施，让旁听群众暂时退出法庭，待作证完毕后方可继续旁听等，从而避免信息流出和媒体报道，当然媒体也不得对此类事项进行挖掘报道。

4. 对媒体报道的方式进行必要限制

当前我国媒体报道的最大问题就是报道方式几乎无限制。深度挖掘、“人肉搜索”、无限跟踪、花钱买新闻、无底线娱乐乃至夸张、歪曲等无所不用其极。因此极有必要对报道方式进行限制。当然，由于新闻自由的特殊性，无法进行事先的具体限制，而只能进行原则性限制，再辅以事后的惩罚或追责。就事前的原则性限制而言，应当确立如下几点：一是媒体报道时不得泄露犯罪嫌疑人、被告人的姓名、肖像以及其他任何可能侵害匿名利益的信息，除非基于公共利益需要。因为个人一旦被公开地描绘为犯罪嫌疑人，尽管他未必被指控实施了刑事上的加害行为，可能也将对其在社会中的人格尊严造成不利影响，如果对指控和重罪起诉加以宣传，所带来的不利影响将更加严重。[1] 二是确保被告人的无罪推定不受侵犯，对于未决案件，媒体报道不得有明显有罪倾向；无罪推定是被告人的基本权利，只有法院才可以对被告人定罪，媒体无权在审判之前进行预判。三是媒体的报道不得泄露被告人、被害

〔1〕［意］Giorgio Resta:《媒体的疑难案件：一种比较法的视角》，刘金晶译，《浙江社会科学》2010 年第 3 期。

人、证人以及其他利益相关者的隐私，不得有可能冒犯利益相关者尊严的内容。四是必须对法院保持必要的尊重，不仅不得在法院判决之前预判被告人有罪，也不得预判被告人无罪，更不得对法庭的行为进行妄自猜测、评判乃至侮辱谩骂。

5. 明确媒体违反报道限制的处罚

对于媒体报道违反限制性规定的，应当给予严厉的处罚或追责，包括刑事处罚、行政处罚和追究民事责任。一方面，对于禁止报道的事项，媒体报道的，情节轻微的应当给予罚款或者吊销记者证照等处罚，重者应当承担刑事责任。对于后者，《刑法修正案（九）》已经作了规定。[1] 另一方面，应当设立藐视法庭罪，对于未决但允许媒体报道的案件，媒体报道明显不利于法院公正审判的，或者诽谤法院司法行为的，无论是有利于被告还是不利于被告，法庭都有权以藐视法庭罪对相关媒体进行处罚。此外，对于媒体报道侵犯被告人公正审判权、侵犯利益相关者尊严、泄露利益相关者隐私的行为，被侵权人还可以提起诉讼并追究媒体的民事责任。

〔1〕《刑法修正案（九）》第34条规定：“在刑法第三百零八条后增加一条，作为第三百零八条之一：‘司法工作人员、辩护人、诉讼代理人或者其他诉讼参与人，泄露依法不公开审理的案件中不应当公开的信息，造成信息公开传播或者其他严重后果的，处三年以下有期徒刑、拘役或者管制，并处或者单处罚金。有前款行为，泄露国家秘密的，依照本法第三百九十八条的规定定罪处罚。公开披露、报道第一款规定的案件信息，情节严重的，依照第一款的规定处罚。单位犯前款罪的，对单位判处罚金，并对直接负责的主管人员和其他直接责任人员，依照第一款的规定处罚。’”

第三部分

刑案民意的诉讼内回应

CHAPTER 08 >>

第八章

通过审判权力的优化配置回应民意

建立流畅的民意表达机制无疑有助于疏浚民意进而为民意的回应创造条件，但是民意回应的关键还在于国家司法机关的权力运作，而后者又在很大程度上取决于审判权力科学与合理的配置。有鉴于此，在构建中国刑案民意的诉讼内回应方案时，应当充分考虑通过审判权力的优化配置回应民意的可能性。

一、审判权力配置与法院回应民意的关系

审判权力的配置是指国家审判权在法院之间和法院内部审判组织或法官之间的分配，[1]直接关乎“谁”来审判的问题。无论从民意的需求角度还是从法院回应民意的需要角度来讲，审判权力配置都与民意回应存在紧密的联系，

---

〔1〕 罗安荣、贺清生：《试论审判权配置原则》，载《求索》1996年第6期。

需要引起高度重视。

1. 民意型刑事案件中民众对审判权力配置的特别期许

在引起民意关注的刑事案件中,民众不仅关心民意是否最终得到吸纳,同样关注“谁”即什么样的审判主体来回应民意。这里的审判主体既包括管辖的法院,也包括承办案件的法官和审判组织。具体而言:

首先,关于审判主体的地域。在一些特别的情况下,民众对什么地方的法院审判案件较为关注,通常包括如下几种情况:第一种情况是,犯罪破坏了犯罪地的社会秩序和安全感,因此犯罪地民众有着强烈的愿望让被告人在犯罪地法院受审,以恢复被破坏的秩序和安全状态;第二种情况是,被告人因种种原因在其居住地民愤极大,或者其居住地对其普遍“怜悯”并愿意协助对其改造,因此被告居住地的民众希望被告人能够在被告人居住地受审;第三种情况是,民众基于被告人或者被害人与管辖法院可能存在的特殊关系而担心审判不公正,从而明确或暗地里希望另行择地管辖。

其次,关于审判主体的级别。在一个官文化较为浓厚的社会,中国普通大众心理存在较为浓厚的级别意识,这体现在两个方面:一方面是能力上的,即认为在棘手事务的处理上,高级别的机构较低级别的机构有更多的资源和更好的处理能力;另一方面则几乎与能力无关,而是一种“级别崇拜”,即潜意识地认为由高级别的机构处理事务本身就是一种获得重视的表现。这种级别意识同样渗透进了民意案件的处理过程之中,对于疑难、复杂、重大的民意案件,通常来讲,民众更希望高级别的法院来审理。

最后,关于承办法官的能力和素质。在当今社会,希望法官是“青天大老爷”“父母官”者仍不罕见,即便是专家学者,也期望法官不仅仅是法律专业的机器,而是能够明察秋毫的“大法官”。其实质则是对法官公平办案的期许,对法官能力和综合素质的高要求。对于民意案件而言,由于其并非单纯的法律适用过程,而是关乎情、理、法之间的调适,民众自然更希望由能力强、素质高、经验丰富的法官或审判组织来裁判。

以上三个方面均表明,在中国当前语境下,民意案件中的民众对"谁"来审判有着一些特别的期许,而是否满足以及如何满足这些特别的期许,正是通过审判权力的配置,包括地域管辖、级别管辖以及法院内部审判权力的分配和优化配置来实现的。

2. 法院掌握刑案民意需要科学合理的配置审判权

法院回应刑案民意的首要前提是必须对刑案民意有一个整体的把握。然而,如前文所述,民意本身却并不是容易把握的对象,因为刑案民意信息有着多元性、易变性、非全面性甚至虚假、易操控等特点,并且在不同时期面貌又有所不同。[1] 在这种情形下,就需要对审判权进行科学分配和安排,包括审级制度、多层级救济制度的合理设计,以尽量留给社会同时也是留给法院足够的机会和时间来甄别、体认民意。

一方面,对于民意本身而言,尽管民意变动不居难以把控,但是其并非完全不能理解和把握。实际上,民意信息有着自身的运行轨迹,其中一个非常重要的特点就是随着时间的推进,相关信息会逐步自我沉淀、过滤、淘汰以及理性化,并经由所谓群体极化效应,最终形成几种甚至一种主流意见。[2] 在这种情形下,法院要掌握民意,就需要通过审级、多层级救济制度的恰当安排,让相关

---

〔1〕 关于民意的特点,参见周永坤:《民意审判与审判元规则》,载《法学》2009年第8期。

〔2〕 姜斌:《司法中群体观念的形成机制——司法如何应对民意的前提考量》,载《浙江社会科学》2010年第3期。

意见、信息在逐级审判和救济的过程中、在相对较长的时间中，经过庭内交锋、庭外博弈形成冲突或者共识，以供法官甄别和判断。

另一方面，对于法院而言，认识、把握刑案民意也有一个认识上的规律问题，很难一步到位，甚至需要不断试错，这同样需要通过审级、多层级制度乃至法院内部审判权力的安排，让法院系统、法院内部有足够的时间和机会关注、甄别、测度民意信息，一则充分观察相关各方的反应和态度，以在此基础上进行政策性考量或政治性判断；二则通过逐级、逐层的推进，让案件争议范围逐渐聚焦，从而使核心问题最终浮出水面，以便有针对性地处理。

3. 法院需要通过审判权配置调动优势资源回应民意

相对于社会需求而言，诉讼内的相关资源总是表现出相对的稀缺性，因此要求人们对有限的、相对稀缺的资源进行合理配置，“好钢要用在刀刃上”，说的就是资源稀缺原理。[1] 民意案件作为一种特殊的案件，往往需要不同于一般的审判资源进行处理才能达到最佳的效果。因此法院要回应民意，必须合理配置法院系统内部的优势资源。然而要实现审判资源的合理分配，首要的就取决于审判权力如何配置，既包括法院之间在地域管辖权、级别管辖权上的分配，也包括法院内部法官之间如何分案、合议庭和审委会之间如何分工等。

一方面，需要在不同的法院、不同级别的法院之间配置优势资源：一则让更了解民情民意的法院管辖，让在审判重大民意案件上更有经验和优势的法院审判案件；二则在特殊情形下，比如管辖法院已经确定，但是其并不具有审理民意案件的各种条件，此时如根

〔1〕 参见张俊山：《对经济学中“资源稀缺性”假设的思考——兼论资源配置问题与政治经济学研究对象的关系》，载《甘肃社会科学》2009 年第 8 期。

据需要变更管辖法院,则可确保重大的民意案件能够配以优势的审判资源,从而有利于民意的更好回应。

另一方面,在管辖法院的内部,也需要合理分配资源:一则确保有能力、有经验、把控得了局面的法官承办民意案件;二则在遇到承办法官或合议庭解决不了的民意案件时,如能再次对审判资源进行调配,由法院内部经验更为丰富的法官或者审判组织出面解决问题,则对于民意案件的解决无疑也是有利的。

二、中国审判权力的配置及其对民意的考量

经由上一部分的简单理论分析,可以发现法院系统审判权力配置于民意回应有着或明显或潜在的影响。那么,中国当前制度下审判权力的配置情况是怎样的,其对民意的考量又是怎样的呢?或者说对民意回应有何积极影响呢?本部分将从管辖权配置、审级制度以及法院内部审判权力配置出发对此展开分析。

(一)管辖权配置及其对民意的考量

1.地域管辖权的配置

中国刑事案件在地域管辖上一直采取犯罪地原则。犯罪地包括犯罪预备地、犯罪行为实施地、犯罪结果发生地和销赃地。犯罪地在几个法院辖区内的,这几个法院对该案件都有管辖权。法律规定刑事案件原则上由犯罪地的法院管辖的理论根据除了犯罪地是犯罪证据集中的地方,便于犯罪地的公安机关、检察院迅速、全面地收集证据以及法院审理核实证据、及时审判之外,还包括犯罪地的群众最关心本地所发生的案件的审判,由犯罪地的人民法院审判,便于当地群众去旁听和监督,后者无疑包含了回应民意的因素。

除了犯罪地原则之外，我国法律还规定，可以根据案件和被告人的情况，由被告人居住地的法院管辖。被告人居住地包括被告人的户籍、住所地。据学者总结，司法实践中由被告人居住地人民法院审判更为适宜的刑事案件一般包括：被告人流窜作案，犯罪地界限不清，其居住地群众更加了解案情，对被告人的押送又有比较安全方便的案件；被告人在居住地民愤很大，当地群众强烈要求在其居住地审判的；被告人可能判处缓刑或者假释，而应在被告人居住地进行监督考察和改造的案件等。[1] 从该总结可以看出，规定由被告人居住地管辖这一例外及其具体情形，有着很浓厚的民意考量因素。

此外，值得注意的是，我国刑事诉讼法还规定了指定管辖制度，即上级法院可以指定下级法院审判管辖不明的案件，也可以指定下级法院将案件移送其他法院审判。通常来讲，设立指定管辖制度的目的在于解决两个问题，即管辖权不明时的无院管辖或者争相管辖、由犯罪地管辖可能存在司法不公。不过从民意回应的角度来讲，在某些管辖权虽然清楚，但是被告人在犯罪地审判可能引起民众猜疑，以及被告人在犯罪地民愤极大或者同情极强而该种民愤或同情却与普遍性民意存在显著冲突的情况下，指定管辖制度对于民意回应也是有积极意义的。比如，对于被告人涉嫌贪污犯罪的审判，指定异地审判可以避免民众不必要的官官相护之猜疑；而对于存在非理性民愤的犯罪地，指定管辖也可以避免更大的民意非议。

---

〔1〕 陈光中、徐静村主编：《刑事诉讼法》，中国政法大学出版社 2001 年版，第 131 页。

2. 级别管辖权的配置

经由2012年刑事诉讼法修正之后，我国刑事诉讼中的级别管辖制度愈发合理。其中与民意回应相关的制度主要有两个：

一是中级人民法院、高级人民法院和最高人民法院的管辖范围。中级人民法院管辖危害国家安全、恐怖活动案件和可能判处无期徒刑、死刑的案件，高级人民法院管辖全省性重大案件，以及最高人民法院管辖全国性重大案件，表明较高级别的法院管辖的案件，并不仅仅以犯罪性质和可能的量刑作为唯一的考量，而是对其他因素也作了充分的考虑。这些因素当然包括法律上的疑难、案情的复杂，但也包括了社会影响重大的因素。其中社会影响因素，可以说是与民意直接相关的一个因素，可见民意因素在级别管辖中受到充分的考虑。

二是管辖权转移。经过2012年刑事诉讼法修改后，管辖权转移实际上只包括管辖权上移，具体包括两种情况：一种情况是依职权上移，即上级法院在必要的时候可以审判下级法院管辖的第一审刑事案件；另一种情况是依申请上移，即下级法院认为案情重大、复杂需要由上级法院审判的第一审刑事案件，可以请求移送上一级法院审判。管辖权转移是颇具中国特色的一项管辖权制度，其为重大、复杂、疑难案件的解决开了一个制度的口子。考虑到我们通常所谓的重大、复杂、疑难案件中，大量属于社会关注较多、社会影响较大的民意案件，因此也可以说，管辖权转移制度在某种程度上就是为民意回应而设。

（二）审级制度对民意的考量

我国实行的是四级两审终审制，没有第三审，也没有违宪审查，但是存在再审程序以及死刑复核、特别量刑程序等特别审判程序。在两审终审制度以及再审程序和特别审中，有助于民意回应的制度设置主要有如下方面：

首先，中国初审法院、上诉审法院以及再审法院和特别程序法院的审判权中，都包括对事实真相的高度关注，亦即都既是事实审法院，也是法律审法院。这种对事实真相始终不渝（至少制度设计上是）的追求，符合中国的传统社会心理以及更注重实体正义的倾向，有相当的民意土壤。不仅如此，考虑到中国当前频繁爆发的冤案实际上都与事实认定有关，这种从一审到再审以及特别审对事实真相的关注，也为避免以及纠正冤案有所裨益（而申冤在中国同样有着浓厚的民意基础）。

其次，尽管中国法院两个审级、一个再审和数个特别程序均是事实审和法律审的承担主体，看起来较为同质化，但是他们实际的功能还是有区别的，即上诉法院、再审法院以及特别审法院更强调逐级纠错，并逐渐侧重于法律问题。这种功能上的区分对于民意回应是有利的。一方面，逐级纠错为不同审级的法院在面对民意案件时的试错提供了可能性。在案件受到社会广泛关注的早期，社会共识可能尚未形成，初审法院（乃至二审法院）并不能等到社会共识形成之后再作判决，而审级制度尤其是审级之间（包括再审、特别审）的逐级纠错功能为初审法院（乃至二审法院）大胆或谨慎地应对民意（试错）提供了空间。另一方面，逐渐侧重于法律适用为民意信息获得专门的规范性审视提供了可能：由于民意问题很多时候因法律评价而起，初审法院和上诉法院、特别审法院的这种区别，有利于民意信息获得更高层级法院的规范性考虑。

再次，虽然只有两个审级，而且审限制度也不是世界通例，但是中国的初审和上诉审以及再审、特别审之间仍有相当长时间的间隔。这种时间间隔对于民意回应的好处在于，社会民意有机会充分酝酿、暴发并经由时间洗礼自我过滤而冷却或逐渐形成主流的民意(甚至共识),法院也有机会较长时间的关注、甄别、测度民意信息,观察相关各方的反应和态度,并在此基础上进行政策性考量或政治性判断。

最后,死刑复核、特别量刑核准程序等作为颇具中国特色的审判权力,其由最高人民法院所独享的事实,于民意回应有着积极意义。一方面,其有助于满足中国传统社会传袭至今的"告御状"心理,因此重点不是最高司法机关是否吸纳了民意,而是最高司法机关介入了案件;另一方面,虽然重点不在于结果,但这种最后也是最高等级的救济,也的确为民意转化为全国性公共政策并最终转化为普遍性法律提供了可能性(如案例指导、司法解释等)。

(三)法院内部权力分配对民意的考量

中国法院内部审判权力分配对民意的考量,主要体现在对重大疑难复杂案件的处理上,具体包括:

一方面,在案件分配上,尽管一般随机分配是常规,但也存在大量例外,即重大、疑难、复杂案件包括民意案件一般都会分派给经验丰富的年长法官,这无疑对于民意回应较为有利;此外,这类案件通常都会由合议庭审判,尽管合议庭并不一定比独任法官更具专业能力,但在对民意的感知上,三个臭皮匠的确可能胜过一个诸葛亮。

另一方面,在法院内部的审判权转移上,我国法律在法院内部确立了三种审判组织,即独任庭、合议庭和审委会,对于前两者难以处理的重大、疑难、复杂案件(包括民意案件),可以提请审委会讨论决定。这一规定虽然存在诸多弊端,但对民意回应却有着积极意义,因为审委会成员往往对政策性问题、政治问题较为敏感,由其讨论民意案件，有利于民意本身受到重视；不仅如此，这种审判权在法院内部的转移还有助于减轻承办法官或合议庭可能面对的巨大社会压力，允许法官在民意回应上试错，[1]同时将此种试错（以及审委会的纠错）通过审级制度传递给上一级法院，从而助益于上一级法院审视“此路”是否“不通”而另寻他途。

三、中国审判权配置在民意回应上存在的不足

中国审判制度对审判权的制度性配置，本身即有着回应民意的潜在考虑，同时也在民意回应的实践中发挥了较为明显的积极作用。对此，已经有学者在分析许霆案的处理过程时予以指出。[2] 不过，从更为有效的民意回应角度来讲，也必须认识到中国审判权力的配置还存在诸多问题，需要认真对待。

（一）管辖权配置在民意回应上的不足

从民意回应的角度来看，目前管辖制度主要存在的问题有三个：

首先，地域管辖与行政管辖区域完全重合。这种重合与目前的司法人事、财政受制于地方以及两审终审的结合，使绝大部分案件根本不可能出省，相当一部分甚至难以出地级市，并易于被地方党政干预和影响。对于民意回应而言，这种重合及其导致的司法地方化的最大弊端在于，一方面，民众从一开始就会对法院的公正性持怀疑态度，尤其是在某一方与政府存在关联的时候；另一方

---

〔1〕 苏力：《法条主义、民意与难办案件》，载《中外法学》2009 年第 1 期。

〔2〕 苏力：《法条主义、民意与难办案件》，载《中外法学》2009 年第 1 期。

面，地方党政机关往往政治敏锐性较强而缺乏耐心，易于在民意爆发之处下达指令影响裁判，可能会打乱审判回应民意的次序节奏。

其次，地域管辖和级别管辖的确定过程缺乏当事人和社会参与。对于地域管辖和级别管辖，理论上几乎一致被视为一种职权行为，而与当事人和社会是否参与无关，即便出现明显的不公正倾向，当事人或民众均无权申请更换管辖法院，既不能要求上级法院重新指定管辖法院，也无权申请管辖权上移。这种缺乏参与的管辖权确定方式对于民意回应的弊端在于，其直接无视了当事人以及民众的直接且可能合理的诉求，由此可能造成信任缺失以及对法院案件后续处理的不认可。

最后，级别管辖中的重大案件标准模糊。在级别管辖中，确定是否由高级别的法院管辖案件，一个最重要的指标就是案件是否重大（包括全省范围内重大、全国范围内重大）。但是综观相关立法和司法解释，对于何为重大案件，最主要的是量刑标准，除此之外并无明确标准，[1]对于民意案件是否属于重大案件更是莫衷一是。[2] 其结果，导致实践中一些影响范围很大的民意案件未获得较高级别法院的管辖，导致较低级别的法院在审理这类案件时往往因经验不足而陷入被动。

---

〔1〕《最高人民法院关于适用〈中华人民共和国刑事诉讼法〉的解释》第178条规定，对合议庭成员意见有重大分歧的案件、新类型案件、社会影响重大的案件以及其他疑难、复杂、重大的案件，合议庭认为难以作出决定的，可以提请院长决定提交审判委员会讨论决定。该规定似可作为认定重大案件的参考，但该标准主要适用于审委会讨论决定案件的范围，是否适用于管辖，仍有疑问。

〔2〕比如，有人就认为媒体关注度不应作为案件是否重大的标准，参见尚召生：《媒体关注程度不能作为有较大影响重大案件的认定标准》，载《人民司法》2013年第14期。

（二）审级制度在民意回应上的不足

从民意回应的角度来看中国的审级制度，至少存在以下问题：

首先，缺乏第三审，不利于民意的时间洗礼和法院的自我试错。目前的二审终审制度，尽管和再审、特别审一起，也有着一定程度的便利民意回应的基础，但是无论在民意自身的沉淀和主流意见形成上，还是在法院试错纠错上，都存在诸多弊端。一方面，两审终审在许多案件中显得过于仓促，加上民意本身亦处于不稳定阶段，给予法院系统自身试探民意和试错的机会太少，往往让上诉审法院如临大敌，不敢独立裁判而向更高一级法院请示或向地方党政机关求助；另一方面，再审的频繁启动和最高人民法院通过特别审的非正常介入，直接导致各级地方法院权威受损，民众对地方各级法院信任度降低。

其次，审级之间的分工不明确。如前所述，中国目前的审级制度下，初审、二审以及再审和特别审都是事实审与法律审，法律审的独立地位未获重视。尽管这种安排有着中国传统的民意土壤，然而，个案中事实问题虽然重要，但是法律评价往往是民意案件中最为关键的争议部分。缺少了对法律适用的独立关注，无疑不利于从深层次回应民意内含的公共政策价值乃至普遍性的规则价值。

最后，不同审级法院之间的关系行政化。从理论上讲，不同审级法院之间的关系，除了特殊情况（即最高人民法院）外，应当仅限于审判业务上的监督关系。但是在中国，不同审级法院之间的关系要复杂得多，上下审级法院之间不仅在审判业务上存在请示、汇报、批复的实质行政关系，在司法行政管理上还存在事实上的人事、财务关系。更关键的是，这两种关系往往交叠在一起，互为表里,使上诉法院对初审法院形成了牢固的行政管理结构。[1] 对于民意回应而言,这种不同审级法院之间的行政关系,破坏了审级制度设立的分工机制和逐级试错、纠正机制,不利于法院系统按照司法规律和认识规律回应民意。

(三)法院内部审判权力配置在民意回应上存在的问题

当前制度下法院内部审判权力配置在民意回应上存在的问题主要有如下几个方面:

首先,在案件分配上,目前我国刑事案件以随机分配为主、指定分案为辅,这种制度相较以往完全行政化的分案制度有很大进步,但也要注意的是,"主""辅"范围并不明确,[2] 一些地方干脆对分案完全放权于计算机软件分配。随机分配特别是由计算机随机分配,不利于实现法院内部审判资源的最优配置。一方面,计算机软件作为一种工具,尽管日趋智能,但目前的技术仍没有迅速识别案件重大与否的能力;另一方面,案件随机分配后,如由缺乏经验的法官审判民意案件,将对民意回应造成严重不良影响。

其次,审委会讨论决定案件的方式存在不少弊端。审委会的存在有着诸多独特的功能,对于民意回应亦有不可忽视的积极作用。但是,目前审委会对案件的处理方式主要是一种行政方式而非审判方式,这使案件处理过程缺乏必要的当事人和社会参与,不

---

〔1〕 苏力:《送法下乡》,中国政法大学出版社 2000 年版,第 72 页。尽管苏力的这一观察性结论已经过去了 15 年之久,但据笔者所知,此一结论并不过时,中国法院的这种审判与行政管理混合交叠的结构至今没有实质性改变。

〔2〕《人民法院第四个五年改革纲要(2014—2018)》第 18 条仅规定,"在加强专业化合议庭建设基础上,实行随机分案为主、指定分案为辅的案件分配制度。建立分案情况内部公示制度。对于变更审判组织或承办法官的,应当说明理由并公示"。

仅有暗箱操作之嫌，而且因为对民意的直接感知能力较差，从而可能造成民意特别是非关乎规范适用的民意回应上的偏差。

最后，在审判权的构成上，缺乏独立的量刑审判。中国实行的是定罪量刑合一的审判模式，并无独立的量刑审判。虽然《人民陪审员法》规定的七人合议庭对事实审和法律审有所分离，但是，这种仅从裁判主体入手的改革离独立的量刑程序尚相当遥远。然而正如前文实证研究所表明的，在民意案件中，主要的焦点恰恰是量刑问题而不是定罪问题（当然也有与定罪相关的民意）。在这种背景下，缺乏独立的量刑审判，至少从民意回应的专注性来讲，是值得反思的。

四、民意回应视角下中国审判权力配置的系统优化

审判权力的配置本身有其内在规律，这些规律应当得到尊重。因此，从民意回应的角度对审判权力配置的系统优化，应当在这些规律之内进行。

（一）民意回应下的管辖制度之改革

1. 民意回应下地域管辖的完善

如前所述，当前刑事诉讼法关于地域管辖的规定，如原则上由犯罪地法院管辖，例外情形下可由被告人居住地法院管辖或由上级法院指定管辖等，均已经具有较好的回应民意的能力。但也存在的一定的问题，即管辖法院与行政地域完全重合导致民众对地方权力干预司法存在担忧，以及缺乏民众对地域管辖权确定过程的参与。

笔者认为，地域管辖可从以下两个方面加以完善：一方面，在

司法改革过程中，不仅行政案件和知识产权案件要实行跨区域管辖，刑事案件的审判同样也可以跨区域管辖。跨区域管辖的好处在于，可以部分消除民众对司法受地方权力干预的担忧，确保法院可以公正合理地回应民意。另一方面，应当赋予当事人（被告人或被害人）对地域管辖的异议权，对于存在明显倾向性权力关系的法院，当事人应当可以提出异议，并可以申请上级法院指定管辖，收到异议或申请的法院应当在规定的时限内予以回复和处理。

2. 民意回应下级别管辖的改革

新刑事诉讼法在取消管辖权下放之后，级别管辖制度相较以往更加合理，上下级法院分工更加明晰，从民意回应的角度来看，经由重大、疑难、复杂案件的中介，回应民意的司法能力得到稳固。不过正如前文所述，现行级别管辖制度在民意回应上仍然存在一些明显的制度性问题，亟待完善：

一方面，对于刑事案件而言，什么是重大案件（如全省性重大案件、全国性重大案件），除了量刑之外，缺乏一个可操作的标准。对刑事民意案件而言，在当今信息社会其影响要波及全省全国都并非难事，迫切需要确定具体的衡量重大与否的标准。从民意的角度来讲，应当应用大数据技术，通过对门户网站、重点论坛和微信、微博平台的监测，确定民意影响程度的计量方式，并将其作为是否作为重大案件的标准，以便于据此确定案件的级别管辖。[1]

另一方面，与地域管辖类似，在级别管辖法院的确定过程中，诉讼当事人缺乏参与权。尽管通过前文所述，大数据系统有助于

---

〔1〕 当然，也有论者认为媒体关注度不应成为较大影响重大案件的标准，笔者对此不予苟同。关于前者，参见尚召生：《媒体关注度不应作为有较大影响重大案件的认定标准》，载《人民司法》2013 年第 14 期。

确立民意的影响程度，但是考虑到权力固有的“官僚”特征和司法权的被动性，应当赋予诉讼当事人对级别管辖转移的申请权，是否获得同意则由上级法院结合大数据监测结果作出裁定。对此，《人民法院第二个五年改革纲要（2004—2008）》虽早已明确提出下级法院可以依当事人的申请向上级法院报请案件的移送审理，但或许因为操作上的原因并未被采纳。[1] 笔者认为，随着技术性条件的成熟，在新的一轮司法改革中，有必要就此迈出实质性的一步。

（二）民意回应下的审级制度之改革

1. 民意回应下第三审级之建立

在审级上，目前的两审终审制已经基本定型，虽然有利于节约司法资源，但不利于重大、疑难、复杂案件，特别是民意案件的审理，特别不利于对其中蕴含的重大政策、重大法律问题的回应。事实上，两审终审的审级设置，不仅不利于民意案件的审判，同样不利于其他重大、疑难、复杂案件，特别是关乎重大公共政策或重大法律问题的案件的审判。有鉴于此，学界一直建议建立三审终审制，[2] 笔者对此深以为然，并认为可以通过建立第三审制度吸收目前的死刑复核和法定刑以下量刑等特别审判权制度。当然，并不是所有案件都可以上诉至第三审法院，第三审法院只受理可能具有重大法律意义的案件和死刑案件，因此需要明确的受案标准，笔者在此仅建议在明确三审受案标准时，将民意案件以适当方式

---

〔1〕 霍焰：《疑难案件移送上级法院管辖中的问题》，载《法律适用》2007 年第 8 期。

〔2〕 傅郁林：《审级制度的建构原理》，载《中国社会科学》2002 年第 4 期。

纳入其中。

2. 民意回应下不同审级法院的分工改革

在确立三审终审制度的前提下，应当对当前审级之间的分工作进一步的明确，比如一审重点负责事实认定，二审主要负责法律适用以及部分的事实认定纠错，三审负责死刑核准、法律的统一适用和重大公共政策、重大法律问题的决断等。从民意回应的角度来讲，一审应当对通过诉讼程序表达和传递的民意信息给予充分的关注和认定；二审应将主要精力置于民意的法律和政策评估上；三审则应重点关注重大民意案件对全国性公共政策和法律修改的影响。

3. 民意回应下不同审级法院之间的关系调整

在不同审级法院之间的关系上，目前上诉法院提前介入以及事后考核等机制，均对初审法院回应民意的独立性造成困扰，也在事实上破坏了审级功能的发挥。应当从制度上确保不同审级法院各司其职，从而通过逐级试错、逐级纠错机制以及逐级聚焦效应有效地把握民意并回应民意，这就要求“上级法院必须充分理解和体谅处于风口浪尖的一审法院法官的艰难，这也要求法院系统改变目前有点偏颇的错案标准，不再简单以个案判决是否符合民意，或有多少被改判来判断一审法院和法官的绩效”。[1] 换言之，对于民意案件，上诉法院不宜过早介入尤其是不宜提前介入，也不应秋后算账。

（三）民意回应下的违宪审查制度之建立

如果说管辖制度和审级制度的完善为回应民意创造了足够的

〔1〕 苏力：《法条主义、民意与难办案件》，载《中外法学》2009 年第 1 期。

时间空间和试错空间的话，那么违宪审查制度的建立，则在这些常规的审判之外，为民意提供了终极性的回应方案。宪法是一个国家位阶最高的根本大法或曰基本法，任何法律、规章制度和命令都不得违反宪法或基本法。有权机关借违宪审查制度，可以宣告行政部门或立法部门所立的法案、命令因违反宪法而无效（大陆法系）或者径行决定在个案中不适用该违宪法案（英美法系）。当立法中存在明显违背宪法精神、明显违背民意的规则时，民众将有机会通过违宪审查这一制度安排加以纠正。

当然，囿于主题，这里不对中国违宪审查制度的具体设计展开讨论，仅仅强调在相关制度设计时，应当从两个方面将民意与违宪审查结合起来：一方面，针对刑事个案，如果常规司法途径已经用尽，当事人仍认为其合法诉求没有得到满足，而其诉求又具有足够的民意支持的，应赋予其向违宪审查机构（宪法与法律委员会）提起宪法诉讼的权利。该诉讼是否能够被受理，则取决于违宪审查机构的独立判断。另一方面，针对普遍性刑事法规则，公民如认为其违背多数民意，而该民意又有宪法上的依据，也可以单独就该普遍性刑事法规则提起违宪审查。

（四）民意回应下的法院内部审判权力之重置

应当说实践中中国法院内部审判权力的分配，已经较为合理地利用了审判资源回应民意，比如让经验丰富的老法官、庭长承办重大民意案件，由审委会讨论重大案件等。但也存在案件分配较为任意、审委会判而不审，以及量刑未受到充分重视等问题，不利于民意的有效吸纳和回应。有鉴于此，笔者建议：

1. 进一步确定目前刑案随机分配为主、指定分案为辅的范围，并确定分案之后承办人或审判组织更换的具体办法。与民意案件相关，一方面，应当明确将民意案件划入指定分案的范围，由院庭长指定经验丰富的法官或审判组织审判；另一方面，对于随机分案后发现的民意案件，明确更换审判组织的程序，比如允许承办法官向院庭长申请更换经验丰富的承办人或审判组织，是否准许以及准许后如何分案，由院庭长决定。

2. 对于审委会讨论决定案件制度可以保留，但应当学习德国的大审判庭制度〔1〕或者美国的全席法庭制度，〔2〕在遇到重大、疑难、复杂案件，尤其是难以处理的民意案件后，由独任庭或者合议庭向院长申请法院内部的审判权转移，如获准许则案件转由审

---

〔1〕 大审判庭是德国法院内部非常近似于中国审委会的一个制度，其具体又分为大审判庭和联合大审判庭。大审判庭的任务是对不同审判庭对相关法律问题所持不同观点予以协调，并对具有基础性意义的法律问题作出决定。联邦最高法院设置一个民事大审判庭和一个刑事大审判庭，分别对各个审判庭在民事诉讼和刑事诉讼过程中提请的法律问题作出决定。大审判庭仅对提请决定的法律问题进行答复，而且其决定仅对提请决定的审判庭有约束力。除大审判庭之外，德国联邦最高法院还设有联合大审判庭。联合大审判庭因以下法律争议而启动，即如果一个民事审判庭意欲偏离一个刑事审判庭或刑事大审判庭的判决，或者一个刑事审判庭意欲偏离一个民事审判庭或民事大审判庭的判决，或者一个审判庭意欲偏离联合大审判庭的判决，则该审判庭必须将该法律问题提交联合大审判庭作出决定。联合大审判庭由院长、民事大审判庭和刑事大审判庭组成，仅就审判庭提请的分歧性法律问题作出决定，其决策程序与大审判庭决策程序一致，所作决定对提请决定的审判庭有约束力。参见邵建东主编：《德国司法制度》，厦门大学出版社2010年版，第42~43页。

〔2〕 全席法庭(en banc determination)是美国法院内部颇具特色的制度。其通常是在联邦巡回上诉法院合议庭作出判决之后，其实案件还没有正式结束，巡回区所有的法官可以对三人合议庭的案件进行集体复议，当事人也可以在两周内要求合议庭对案件进行重审，在合议庭拒绝重审后，败诉方还可以要求全席法庭对案件进行复议；同时，任何一位合议庭以外的法官都有权提出全席复议。全席法庭一旦启动，则整个案件都由全席法庭审理，全席法庭就将与一般合议庭审判一样，遵循对抗式诉讼的各种程序。See Ryan Vacca, *Acting Like an Administrative Agency: The Federal Circuit En Banc*, Missouri Law Review, Vol. 76, 2011, p. 733.

委会(大审判庭或全席法庭)审理,以解决目前审委会判而不审的问题。当然,为了减小改革的阻力并减轻审委会的负担,具体操作中可区分情形作不同处理:一方面,对于纯粹的因民意引起的法律适用问题,可以考虑继续维持目前的运作模式,即仍由合议庭提请院长交审判委员会讨论,且审判委员会不需要以诉讼化的程序作出决定;另一方面,对于同时存在因民意引发的事实争议(或社会影响问题)和法律争议的案件,则可以考虑适当借鉴美国的接管模式,案件一旦决定由审判委员会审判,则案件由审判委员会全部接管并按照一般的诉讼程序进行审理,裁判文书由审判委员会署名,责任也由审判委员会承担。

3. 适度改变目前定罪和量刑合一的模式,一方面将定罪权与量刑权适度分离,包括定罪和量刑的举证、质证、辩论和评议都应适度分离,确保虽不关乎定罪但关乎量刑的民意信息能够被法官关注;另一方面还可以将量刑权分为两部分,职业法官负责给定法定刑罚的区间,人民陪审员则负责该区间内具体的刑罚,以充分关照民意。[1]

---

〔1〕 这一点下一章还会作详细的分析,故此处不赘述。

CHAPTER 09 >>

第九章

通过陪审制度的改革回应民意

前一章在讨论通过审判权力的优化配置回应民意时,实际上已经涉及陪审的问题,因为陪审权直接关系到法院内部审判权力的分配。但是陪审制度是引入社会力量参与刑事审判,其价值主要不在于法院内部的分权,而在于法院之外的社会参与及其民主价值,因此有必要专门对其展开讨论。

一、陪审制度与刑案民意回应的联系

在讨论如何回应刑案民意的论著中,通过陪审回应民意已经获得广泛认可。[1] 当然,由

〔1〕 参见沈德咏:《关于司法大众化的几个问题》,载《人民司法》2008 年第 19 期;褚建华:《以陪审消弭民意与司法的裂痕》,载《法制日报》2010 年 4 月 5 日,第 03 版;吴英姿:《陪审制、民意与公民社会》,载《政治与法律》2011 年第 3 期;蔡维力、吴晓静:《司法裁判吸纳民意的程序机制分析》,载《重庆大学学报》2012 年第 2 期,等等,并散见于多数关于民意回应的论述中。

于中国陪审制度的不完善,因此该方案在中国的完整表达是:通过陪审制度的改革回应民意。遗憾的是,在绝大多数论者那里,陪审与民意回应之间的手段与目的关系似乎是理所当然且无须论证的,因此他们一般都将主要精力放在如何完善我国的陪审制度等对策性问题上。然而,在笔者看来,陪审与民意回应之间究竟存在何种联系,其实是一个必须首先回答而学界尚未正视、尚未充分回答的问题。

1. 陪审制与刑案民意回应的直接联系

刑事司法属于一种涉及民众切身权利和利益的决策过程,专业性的职业法官作出的决策虽然在实现法律上的正义方面有着独特的优势,但其并不能完全脱离社会的常理民情,也需要顾及和反映民意。陪审制度是公认的社会公众参与刑事司法审判的最佳途径之一,是司法民主化的体现。由人民陪审员直接参加审判为民意带入、民意吸纳到司法过程和司法决策提供了制度空间。这一点具体体现在以下两个方面:

一方面,人民陪审员虽然一般不具有法律上的正义观念,却天然地带有朴素的正义观念和合理性判断,并具有丰富的民间生活经验,这些观念、判断和经验,同其长期生活、工作其中的社会的民众意见、社会民情会有相当的契合度,由其参与司法决策,无疑有利于将社会公众的合理民意带入司法决策之中。尤其是在刑事案件中,人民陪审员来自民间,其所处的生活环境与生活方式与被告人、被害人较接近,较之于同社会环境有一定距离的职业法官,更容易了解双方的心理及其所处的具体状况。人民陪审员参与审判,无疑可以使司法更贴近社会生活,更能反映民意。另一方面,即便人民陪审员的观念、判断和经验与民意并不完全契合,其非专业性的“普通人”身份,其长期所在的生活情境,以及其与社会大众所共享的风俗、伦理道德和社会规范，也使之更能理解、同情乃至甄别普通公众的民意性信息，至少一般不会有职业法官所可能具有的冷漠、惊慌乃至排斥倾向，从而为经由前述各种程序机制传递的民意信息真正被司法决策所考虑、吸纳提供了更大的可能性。

2. 陪审制与刑案民意回应的间接联系

由于受人民陪审员社会经验的制约，受人民陪审员个体性价值倾向的影响，以及受参审人民陪审员人数的限制，个案中的人民陪审员在很多时候可能并不能直接反映社会民意，也可能并不能直接和完全地理解和吸纳经由程序机制表达进来的民意信息，从而使陪审制与民意回应之间的关联程度受到怀疑。对此，有学者就曾针对美国陪审团的功能指出陪审的主要功能"是分权，是制衡，而不是民主，不是反映民意"。〔1〕

这种怀疑不是完全没有道理，但也并非毫无问题。实际上，陪审制与民意回应的联系并非只能是直接的带入或吸纳，也可以是间接的回应。在笔者看来，这种间接联系主要是由陪审制更有利于法律的公正实施衍生而来的。如学者们所指出的，人民陪审员参与审判有着一些非常重要的其他价值和功能，比如让司法更为公开和开放，比职业法官少一些偏私和顾忌因此更能抵御某些干预，〔2〕以及在客观上有利于具体而直接地对司法过程中的人和事进行监督，从而助益于制约和防止司法腐败等。〔3〕这些价值和功

〔1〕 苏力：《法条主义、民意与难办案件》，载《中外法学》2009 年第 1 期。

〔2〕 赵新：《浅谈我国人民陪审员制度的不足》，载中国法院网：http://old.chinacourt.org/html/article/201112/22/472239.shtml，最后访问日期：2015 年 7 月 28 日。

〔3〕 王亚新：《陪审制改革与司法公信力的提升》，载《人民法院报》2015 年 4 月 26 日，第 2 版。

能可能并不一定体现为对民意的直接带入或吸纳，但毫无疑问都有助于法律的更好实施，有利于实现基本的法律上的公正。从逻辑上讲，法律本身就（应当）是民意的产物，因此更好、更公正地实施法律，其实也就是更好地回应民意；在一个稳态的社会中，这甚至本就应该是司法回应民意的主要方式。只是在逻辑上，陪审制度与民意回应的联系经由了（体现民意的）法律公正实施的中介，因此变得间接而已。

3. 陪审制与刑案民意回应的形式联系

可以看到，无论是陪审制度与民意回应的直接联系还是间接联系，它们都属于实质性联系，都不同程度实实在在地关系到合理的民意的实现，只不过有的关乎立法中的普遍性民意的实现，有的则关乎个案民意的实现。行文至此，应当说陪审制度与民意回应的联系已经较为清晰。不过在笔者看来，陪审制度与民意回应之间的联系还可以进一步挖掘，即二者之间的联系除了可以是实质性的，还可以是形式性的。

陪审制度与民意回应的形式性联系主要是由陪审制的民主形式派生的。在现代社会，民主作为一种基本价值，已经获得了人们的普遍认可和广泛支持，以至于在很多时候，只要具有民主的程序形式而不论结果如何，人们都很大程度上愿意认可其结论，其根源就在于民主程序对结果的正当化功能。[1] 其典型例证就是现代政治中的选举——尽管参加者的一票并不一定具有关键作用，参与者却几乎都承认选举是尊重民意的体现。陪审制度作为司法民主化的主要程序性形式，同样或多或少具有这种对结果的正当化功能。对于经由陪审作出的决策，只要人民陪审员的产生具有民

---

〔1〕 季卫东：《法律程序的意义》，载《比较法研究》1993 年第 1 期。

主性(并不一定是选举)并保证其在决策过程中的独立性,其很大程度上即可给人一种普通人当家做主的意象,一种"与我一样普通的人在作决定"的自主性感觉,并"可以把对司法制度的信赖感在参加陪审的人以及一般社会公众中逐渐传递",[1]其结果就是无论人民陪审员是否真的反映、吸纳了民意,民意仍然会在一定程度上受到尊重的体认。简言之,让作为普通人的人民陪审员参与审判,这样的制度设计形式本身就是对民意的一种尊重和回应,而无论人民陪审员在审判过程中是否真的带入或吸纳了民意。在笔者看来,同陪审的前两种直接或间接的民意回应功能相较,经由陪审这种程序形式促成社会形成民意获得尊重的认知,在一个价值愈发多元、共识更难形成的当今社会显得似乎特别重要。

二、通过陪审制度回应刑案民意的制度条件

读者可能已经隐约发现,上一部分所述陪审制度与民意回应之间的工具性联系,其实只是勾勒了一种理想状态。实际上,陪审制度要在实践中达到回应民意之理想目的,尚需满足一些关键性的制度条件。对此,笔者将首先从逻辑上进行推演,然后以国外的成熟做法作为佐证。

1. 人民陪审员应当来源广泛并随机产生

从理想的角度来讲,要达到通过陪审回应民意的目的,作为主体的人民陪审员首先必须对民意有足够的了解。然而,陪审成员是否了解民意却是极难测度的,这不仅因为现代社会民意本身极

[1] 麦高伟等:《英国刑事司法程序》,姚永吉等译,法律出版社2003年版,第347页。

难把握，也因为陪审成员可能具有的多元化观念。在此情形下，只能通过民意的代表代替民意的实质，在陪审成员的产生上下功夫。为此，一方面应当对人民陪审员的资格不作过多的限制，让绝大部分公民都有机会担任人民陪审员；另一方面人民陪审员应当以随机抽签式民主的方式确定，且每案均应重新随机确定。通过这种开放式、抽签式民主的方式，[1]人民陪审员在整体上将具备充分的代表性，社会中的各类人群、各种不同意见都有机会进入法庭，从而确保社会民意获得一种整体性尊重。

从国外陪审制度的成熟做法来看，上述人民陪审员成员产生机制已经成为标准配置。一方面，在陪审成员的资格上，无论是美国还是欧洲国家都持开放态度。比如，在美国，陪审成员一般从选民登记簿或驾照登记簿中随机选择，选拔条件仅限于无犯罪前科、不得为已经被剥夺选举权者以及职业身份上的限制（如不得为在职的法官、律师、政府官员等）；[2]在法国，按照刑事诉讼法的规定，担任人民陪审员的主要资格条件包括：法国国籍、年满23岁、通晓法语、享有政治权利、民事权利和家庭权利，限制条件与美国相似。[3]

另一方面，在陪审成员的产生机制上，西方国家几乎都采取随机产生的做法。比如，在美国，陪审成员通常由书记员采取随机抽

[1] 关于抽签式民主及其优势，参见亚历克斯·扎卡拉斯：《抽签与民主代表：一个温和建议》，载《开放时代》2012年第2期。

[2] 李学军主编：《美国刑事诉讼规则》，中国检察出版社2003年版，第419～420页。

[3] 具体参见邓宇：《法国的陪审制度》，载《人民法院报》2014年10月10日，第8版。

签的方式挑选,[1]在法国,无论是候选人民陪审员、庭期人民陪审员还是最终的审案人民陪审员的产生,都采取随机抽签的方式产生。[2] 不仅如此,西方国家均实行一案一抽签的方式,以扩大公民成为陪审成员的机会。比如,在美国,每个案件的人民陪审员都是"直到临审判前才决定人选"、一次审判、审判完了马上解散;[3]在法国,人民陪审员都是在开庭审理当日从庭期人民陪审员名单中抽签决定,且一名候选人在一个年度内只能担任一次人民陪审员,当抽到签的人已经在本年度内担任过人民陪审员时,就要立即更换他人。[4]

2. 人民陪审员的职责定位和履职方式应当符合其外行身份和知识

人民陪审员又被称为外行法官(lay judge),虽然并不完全排斥内行担任人民陪审员,但是绝大多数都是外行却是不争的事实(退休法律人在总人口中的比例毕竟是很低的)。对于外行法官,不能让其承担和职业法官完全一样的职责,也不宜在履责方式上将其与职业法官等量齐观,而应另作安排以确保人民陪审员的职责符合其外行身份和知识,因为一般而言外行做不好内行之事。从民意回应的角度看,要使陪审制度能够达到回应民意的效果,也应当从制度上作出特别安排以确保人民陪审员的职权行使有利于回应民意。

---

〔1〕 李学军主编:《美国刑事诉讼规则》,中国检察出版社2003年版,第420页。

〔2〕 邓宇:《法国的陪审制度》,载《人民法院报》2014年10月10日,第8版。

〔3〕 慎事既心:《从陪审团的变迁,看陪审团制度是否适合中国》,载观察者网:http://www.guancha.cn/ShenShiJiXin/2014_01_12_199086.shtml,最后访问日期:2015年7月26日。

〔4〕 邓宇:《法国的陪审制度》,载《人民法院报》2014年10月10日,第8版。

实际上,国外陪审制度较为成功的国家,都不同程度地注意到这一点,并给予人民陪审员不同于职业法官的职责定位和履责方式。对此,英美法系的陪审团制度和大陆法系的陪审制度采取了略有不同的制度设计。在实行陪审团制度的国家,一般直接赋予内行法官和外行陪审成员不同的职责。比如,在美国,其法律明确陪审团的职责是认定事实,不负责法律评价(死刑除外);而且对于事实的认定,也只负责结论性事实的概括认定,无须对每一个证据作专门性评判(那是职业法官的事)。换言之,陪审团只做非专业的事,只做简单之事,专业上的问题、复杂的法律技术问题则由职业法官解决。[1] 这种权力和职责方式的明确,尤其是只负责结论性事实的概括性认定,无疑为陪审团成员将自己的价值观、情感、经验等可能回应民意的因素带入决策提供了可能。

在实行陪审制度的大陆法系国家,法律一般并不明显地区分内行法官和外行法官的职责,但却在履行职责的方式上,以一种隐晦的方式为外行法官回应民意创造条件。比如,在法国,虽然人民陪审员与法官不存在事实认定和法律适用上的职权区分,但却以一种不同的方式——尽管可能不是有意识地这么做,照顾了人民陪审员的外行身份和知识:强调概括性的内心确信原则。对此,法国《刑事诉讼法典》明确规定:“法律不过问法官(含人民陪审员——笔者注)形成自我确信的理由,法律也不为法官规定某种规则并让他们必须依赖这种规则去认定某项证据是否完备,是否充分……法律只向他们提出一个概括了法官全部职责的问题:你

---

〔1〕 慎事既心:《从陪审团的变迁,看陪审团制度是否适合中国》,载观察者网:http://www.guancha.cn/ShenShiJiXin/2014_01_12_199086.shtml,最后访问日期:2015年7月26日。

们是否形成内心确信?”[1]法国刑事诉讼法的这一规定虽然并不专门针对人民陪审员,但实际上却是更加有利于人民陪审员的,因为这种不需要讲理的确信规则,显然对于不会讲理的人民陪审员更为有利,从而为人民陪审员带入民意、考虑民意创造了制度空间,与美国陪审团只需要对结论性事实作出认定具有异曲同工之妙。

3. 人民陪审员的独立性和话语权应当得到保证

当然,仅仅从制度上确保陪审成员具有足够的代表性,以及区别于职业法官的职责定位,并不足以保证陪审制度在回应民意上能够达到理想的效果。考虑到非专业人士在专业性问题上容易受外界影响,尤其是容易受到专业人士的影响,因此笔者认为还必须让人民陪审员有足够的独立性并享有充分的话语权,让人民陪审员说话自由、说话有分量,以确保民意有机会被表达、被倾听和被吸纳。

在国外,相关制度主要通过三个方面的设计确保人民陪审员的独立性和话语权。其一,从制度上确保人民陪审员不受外界影响。比如,在美国,刑事司法中的人民陪审员必须与外界舆论和民意相隔离,为此设计了相当繁复的程序规则(包括偏见排除规则);[2]在法国,人民陪审员宣誓履行审案职责之后,其与某些人员的交流即被禁止,包括当事人和媒体。[3] 其二,在审判庭内部,人民陪审员获得相对独立的地位。比如,在美国,通过上文所述职

---

〔1〕 邓宇:《法国的陪审制度》,载《人民法院报》2014年10月10日,第8版。

〔2〕 See CRF, “*The Right to an Impartial Jury Trial and a Free Press*”. http://www.crf-usa.org/bill-of-rights-in-action/bria-11-1-a-is-a-fair-trial-possible-in-the-age-of-mass-media.

〔3〕 邓宇:《法国的陪审制度》,载《人民法院报》2014年10月10日,第8版。

责分工的方式,陪审团即已经获得自己的独立地位,美国的职业法官几乎难以也不会干涉陪审团的结论性的事实认定活动;在法国,在评议之前,职业法官和人民陪审员均不得发表任何倾向性意见,这不仅是无罪推定原则的体现,同时也有利于防止职业法官的意见影响人民陪审员的心证。其三,通过制度安排确保人民陪审员的话语分量。在美国,陪审团通过对定罪权以及死刑量刑权的享有而大权在握;在法国,则通过两个制度安排确保人民陪审员的话语分量:一是人数上的优势(初审案件的陪审人数为6人,上诉案件为9人,职业法官均为3人);二是精巧的投票机制(真正的匿名投票和针对重要事项的分别投票等),让人民陪审员意见含金量十足。

三、中国陪审制度在刑案民意回应上的核心制度问题

上一部分从逻辑推演和国外例证的角度阐述和总结了陪审回应民意的制度条件。以这些制度条件反观中国2018年4月《人民陪审员法》通过之前的陪审制度,不难发现无论是人民陪审员来源的广泛性和产生的随机性,还是人民陪审员的职责是否符合其外行身份和知识,以及人民陪审员的独立性和话语权,都不同程度地存在问题。[1]

1. 人民陪审员的来源与产生

与回应民意所需要的人民陪审员来源广泛和随机产生相比,一方面,我国人民陪审员的来源受到立法和实务部门的过多限制,

---

〔1〕 对于2018年4月通过的《人民陪审员法》,笔者将在最后一部分再作讨论。

代表性严重不足。其一,立法标准过高,《全国人民代表大会常务委员会关于完善人民陪审员制度的决定》明确要求人民陪审员应当满足以下条件:"(一)拥护中华人民共和国宪法;(二)年满二十三周岁;(三)品行良好、公道正派;(四)身体健康。"并且要求"担任人民陪审员,一般应当具有大学专科以上文化程度"。这些规定中,"身体健康",以及"一般应当具有大学专科以上文化程度",都与能否传递、吸纳民意没有实质性联系。[1] 其二,实务部门要求更高,人民陪审员呈现精英化倾向。实践中,司法行政机关和法院往往在立法要求的基础上加码,对候选人民陪审员的学历、职业等提出更高的要求。例如,成都市某区 2005 年选拔的 32 名人民陪审员候选人中,有处长、教授、妇联主席、村支书、站长、人大代表等,几乎没有工矿企业职工和普通老百姓身份的代表,该市最终选定的 403 位人民陪审员中,则有博士 7 人,硕士 22 人,学士 173 人,大专 181 人。[2] 再如,河南试点的所谓人民陪审团制度中,虽然号称"农民也能当人民陪审员",但实际参加庭审的陪审团成员基本上是人大代表、政协委员、机关干部、基层党组织领导、学校教师、企事业单位领导等,普通市民占的比例很小,一个被报道有农民担任陪审团成员的案件,实际参加审判的是村支书。[3]

另一方面,人民陪审员并非随机产生。其一,按照立法规定,人民陪审员的产生遵循如下程序:由其所在单位或者户籍所在地的基层组织向基层人民法院推荐,或者本人提出申请,由基层人民法院会同同级人民政府司法行政机关进行审查,并由基层人民法

---

〔1〕 笔者注意到 2015 年《人民陪审员制度改革试点方案》对此进行修改,对此新修改后的资格限制的评价,笔者将在最后一部分专门讨论,此处不赘述。

〔2〕 涂文:《我为什么当不了人民陪审员》,载《廉政瞭望》2005 年第 5 期。

〔3〕 吴英姿:《陪审制、民意与公民社会》,载《政治与法律》2011 年第 3 期。

院院长提出人民陪审员人选，提请同级人民代表大会常务委员会任命。这种产生程序大大限定了人民陪审员的代表性，沉默的多数以及无基层组织推荐的民众将难有机会担任人民陪审员，社会中的各类人群、各种不同意见将难有机会进入法庭。其二，在实务中，法院的人民陪审员并非一案一选择，而是案前就已确定并长期固定（任期长达5年），除了专业知识和待遇区别外，人民陪审员与职业法官几无区别，"专职人民陪审员"普遍存在。人民陪审员产生的非民主性以及"专职人民陪审员"的存在，无疑进一步削弱了人民陪审员的代表性，从而更加不利于民意回应。

2. 人民陪审员的职责定位与履职方式

关于我国人民陪审员的职责定位和履职方式，从立法来看，与欧洲国家的陪审制度几无区别，即人民陪审员与法官的职权一致，共同认定案件事实、共同适用法律，并未刻意区分何者享有事实认定的权力和何者享有法律适用的权力。但由于缺乏必要的制度保障和司法实务中工具主义、法院本位主义盛行，我国人民陪审员的职责定位呈现出如下两个方面的问题：

一方面，人民陪审员权力体现出双重性，即形式上权力大和实质上权力小。形式上权力大表现为：人民陪审员参与审理案件范围广；陪审案件多；人民陪审员的权力辐射范围既包括事实认定，也包括法律适用，还包括法庭审理以及其他程序。[1] 实质上权力小体现为：由于不懂法律知识，加上采用的相互印证的事实认定模式，缺乏类似于法国的自由心证制度，缺乏适合人民陪审员履职发表意见的特别机制，人民陪审员尽管参审了众多案件，却对案件事

〔1〕 类似的发现，参见刘晴辉：《对中国陪审制度的实证研究》，载《四川大学学报》2007年第1期。

实的认定和法律适用罕有实际的影响力。在此情形下,人民陪审员只能通过控辩双方提交的证据酌情考虑民意,而很难通过自身将民意带入司法决策,因此实际上大大削弱了陪审制度的民意回应能力。

另一方面,陪审制度被法院工具化,回应民意被异化。陪审制的工具化主要体现在两个方面:一是随着经济社会发展,法院案件压力愈发沉重,人民陪审员成为解决法院人手不足的重要办法。这一点在大城市城区法院、沿海经济发达地区的法院尤为明显。二是利用人民陪审员说服当事人服判息讼,达到案结事了、防止信访的目的。对此,试点人民陪审团的河南省高级人民法院的张立勇院长坦陈,设计陪审团的初衷是因为当前"案多人少、大量的涉诉上访矛盾汇集到法院",其意义在于"让'同类人'去审判'同类人',就能使案件当事人更容易接受,更好地化解社会矛盾"。[1]人民陪审员权力的工具化,使得通过陪审回应民意的初衷被置换为利用陪审解决信访乃至某种变相的压制,无疑是对陪审回应民意功能的曲解乃至阉割。

3. 人民陪审员的独立性和话语权问题

如前所述,人民陪审员保有足够的独立性和充分的话语权是其回应民意的关键性条件之一。我国当前的陪审制度中,人民陪审员的独立性和话语权保障均存在重大不足,具体包括:

就独立性而言,在立法上人民陪审员和职业法官一样,独立性保障均存在一定不足。但是与职业法官相较,人民陪审员的独立性有着诸多特殊性。其一,中国的陪审制度并不关注人民陪审员

---

〔1〕 田莹等整理:《让更多民众参与审判——中国特色评审制度的改革与发展研讨会综述多》,载《公民与法》2010年第6期。

是否受外界影响，相反还欢迎对舆论、民情有所了解的人士（如人大代表、政协委员或者德高望重的人）参加审判，因此并不强调人民陪审员相对于社会的独立性，也没有设置偏见排除程序。人民陪审员的这种地位，对于民意回应的影响是双重的：一方面确实可能有利于地方性民情民意的传递，但另一方面也可能造成人民陪审员被舆论所操控。其二，中国的陪审制度对于合议庭内部职业法官和人民陪审员之间的关系，更多地强调二者的合作，而不强调二者的相互独立，也不禁止职业法官合议前发表倾向性意见。实践中，职业法官在讯问被告人、询问证人等过程中，往往有着强烈的有罪倾向，甚至会呵斥被告人，这些对于外行法官而言，可能有着潜在的暗示作用，不利于人民陪审员的独立判断。其三，中国法院对人民陪审员采取趋同于法官式的人事管理模式，在这种控制模式下人民陪审员的角色已经和法官很相近，容易使人民陪审员越来越接受法官的思维模式，并向法官角色靠拢，也不利于人民陪审员对自己身份独立性的认识。[1] 毫无疑问，这些制度安排是不利于人民陪审员独立的传递和吸纳民意的。

就话语权而言，中国的法律明确规定人民陪审员和职业法官同责同权，也规定了少数服从多数原则。但是存在以下几个问题：一是仅规定人民陪审员数量不得少于三分之一，未明确人民陪审员是否应当保持数量优势，在人民陪审员的数量不超过合议庭成员一半的情况下，从理论上讲，人民陪审员的意见将不会有什么影响。二是缺乏硬性的、精密的投票机制。实践中一旦职业法官和人民陪审员有分歧，多通过反复讨论决定，而较少通过投票决定。

---

〔1〕 刘晴辉：《对中国陪审制度的实证研究》，载《四川大学学报》2007 年第 1 期。

由于人民陪审员的外行身份，其在反复讨论中很难占优势，很容易被说服。三是在合议庭之外，院庭长、审判委员会的存在，对于人民陪审员的话语权有一定稀释作用。在合议中，即便人民陪审员坚持己见，案件也可能因为合议庭存在重大分歧而上审委会讨论，而审委会并无人民陪审员的席位。总之，人民陪审员在合议庭、法院中的话语权有限，其有利于民意吸纳和回应的意见要真正发挥作用并非易事。

四、刑案民意回应角度下中国陪审制度的改革

通过前面的分析，不难发现陪审制度对于民意回应是非常必要的，但是通过陪审回应民意也需要满足一系列的制度条件，而这些制度条件在中国的陪审制度体系中长期存在相当多的问题。值得庆幸的是，2018 年 4 月通过的《人民陪审员法》对这些问题中的多数都作出了正面回应。不过以本章第二部分总结的通过陪审回应民意的制度条件观之，此次修法仍然存在若干不足，有待进一步改革。

（一）进一步扩大人民陪审员的来源并细化规制人民陪审员的产生

相较 2015 年最高人民法院、司法部印发的《人民陪审员制度改革试点方案》，《人民陪审员法》已经扩大了人民陪审员的来源，并在具体审案的陪审员的产生机制上作了更科学合理的设计。但是从有利于民意回应的角度观察，其仍可作进一步改进。

1. 关于人民陪审员的资格

按照《人民陪审员法》的规定，只要符合“拥护中华人民共和

国宪法”“遵纪守法、品行良好、公道正派”“具有正常履行职责的身体条件”“一般应当具有高中以上文化程度”这些条件，且不属于不能、不得担任陪审员的情形，年满28周岁的中国公民均有资格担任人民陪审员。相较于全国人大原来的试点规定，学历条件有所下降。笔者认为，该方案进步明显，但是仍存在以下问题：其一，不应将“品行良好、公道正派”作为资格条件。笔者建议，应当取消资格条件上的这一限制，而将这一问题交由控辩双方通过回避申请解决，以尽可能扩大人民陪审员的来源和多元代表性，同时也便于建立数据系统（“品行良好、公道正派”无法简单地鉴别）。其二，考虑到目前农民工阶层的整体文化水平多在高中以下，而这一阶层人口数量较大，为增强代表性，可以将文化程度条件进一步降低到初中文化水平。其三，建议将符合条件的常住人口纳入人民陪审员数据库，并结合实务部门需要建立一个信息软件系统供相关部门使用。

2. 关于具体合议庭组成人员中的人民陪审员之产生

《人民陪审员法》确立了有陪审员参与组成的三人合议庭和七人合议庭制度，并确立了人民陪审员的随机产生机制，意义重大，但仍可从以下两个方面细化改进：(1)限定同一个人民陪审员在同一个审期内担任合议庭人民陪审员的次数，且规定同一人民陪审员不得连续不间断地担任合议庭人民陪审员。(2)确立可操作的人民陪审员回避制度。可以在开庭当日就人民陪审员的基本信息向控辩双方详细介绍，同时构建控辩双方充分参与的陪审员偏见排除机制，促成人民陪审员回避制度的实质化。

(二)深度调整人民陪审员的职责和履职方式

《人民陪审员法》明确规定：“人民陪审员参加三人合议庭审

判案件,对事实认定、法律适用,独立发表意见,行使表决权。人民陪审员参加七人合议庭审判案件,对事实认定,独立发表意见,并与法官共同表决;对法律适用,可以发表意见,但不参加表决。合议庭评议案件,实行少数服从多数的原则。人民陪审员同合议庭其他组成人员意见分歧的,应当将其意见写入笔录。合议庭组成人员意见有重大分歧的,人民陪审员或者法官可以要求合议庭将案件提请院长决定是否提交审判委员会讨论决定。”这一规定有非常重要的指向性意义,对于人民陪审员的职权配置、履职方式有重大影响。但从便于民意的传递和吸纳的角度来看,这一规定可操作性仍显不足,需作更为深度的设计。

1. 关于人民陪审员的职权配置

过去人民陪审员权力与法官权力完全相同的做法确实存在很多弊端,因此确有必要逐步将人民陪审员的职责限定为负责事实认定。《人民陪审员法》将七人合议庭中陪审员的职责设定为主要负责事实认定,无疑是一个重要的制度进步。但是笔者认为,必须考虑中国的特殊情况,对这一职责转型加以限定:(1)对于事实认定,考虑到在中国的刑事法体系下,定罪同样是一项极为专业的活动,因此应充分考虑人民陪审员的事实认定权不宜对职业法官的犯罪认定造成太大的冲击;(2)应当将量刑明确为人民陪审员的重要职责,尤其是可能判处死刑的案件,应当赋予人民陪审员意见以特别的权重。

2. 关于人民陪审员的履职方式

考虑到人民陪审员的外行法官身份和知识,建议借鉴国外的成熟做法,对人民陪审员的事实认定和量刑评估权进行简化处理:

(1)对于定罪,人民陪审员只需要作出结论性事实的认定,[1]作出有罪还是无罪的认定,且不需要说明理由;(2)关于有罪无罪的意见,如票决结果人民陪审员意见仍占多数而职业法官仍有充分理由持不同意见的,可以提交审委会讨论决定;(3)人民陪审员对量刑的评判只需要作出轻重的意见,且不需要特别说明理由。

3.关于人民陪审员的量刑权力及其具体操作

考虑到中国当前的实际情况,人民陪审员的定罪权力必定会受到职业法官较多的限制,因此人民陪审员的权力实际上主要体现在量刑上。而且从近年来民意所关注的案件来看,重点也是量刑轻重问题而非有罪无罪问题。有鉴于此,非常有必要对人民陪审员的量刑权力进行特别的规制。对此,有学者建议由最高人民法院在司法解释中明确要求刑罚的裁量部分人民陪审员必须全部同意,以限制职业法官的量刑恣意和腐败。[2] 笔者认为,该建议不可取,因为强行要求人民陪审员必须全部同意,很可能存在无法达成全部一致的情况,从而造成操作上的困难。笔者建议,可以将量刑权力分为两部分:职业法官负责给定法定刑罚的区间,人民陪审员则负责该区间内具体的刑罚;具体刑罚的确定,可由人民陪审员根据李克特五分量表选择量刑轻重,然后按照各人民陪审员的计分平均计算后得出被告人的刑罚;但是对于判处死刑的被告人,则需要人民陪审员一致同意方可判处死刑。

(三)从程序技术上确保人民陪审员的独立性和话语权

如前所述,长期以来,我国人民陪审员的对内对外独立问题均

---

〔1〕 陈杭平:《论“事实问题”与“法律问题”的区分》,载《中外法学》2011年第2期。

〔2〕 李立丰:《民意的司法拟制》,载《当代法学》2013年第5期。

未得到充分考虑,造成人民陪审员对外难以与社会舆论乃至当事人、律师等保持距离,对内难以避免被职业法官"牵着鼻子走路",难以达到独立传递民意、回应民意的效果。《人民陪审员法》对于这一困境也没有给出明确的解决方案,有必要作进一步的技术性探讨。

1. 关于人民陪审员对外独立的问题

结合国外成熟做法,笔者建议:(1)严格执行回避制度,由控辩双方对人民陪审员进行监督,防止人民陪审员存在偏见;(2)对人民陪审员采取适当的外界交流限制,即人民陪审员身份一旦确定,就不得与当事人、律师交流,不得接受媒体采访,不得发表任何倾向性意见;(3)贯彻集中审理原则,确保案件审理的连续性和集中性,以免人民陪审员在休庭期间受到外部干扰。

2. 关于人民陪审员的对内独立的问题

为强化人民陪审员的独立性,本书建议:(1)明确担任人民陪审员是义务,不是职务,对人民陪审员仅提供交通和生活补贴,据实由司法行政部门报销,取消《人民陪审员法》规定的工作日补助,避免人民陪审员和法院之间可能出现的依附关系或利益关系。(2)确立人民陪审员评议意见的优先发表权利,对于事实认定问题或者量刑问题,应当由人民陪审员成员首先发表意见且不需要说明具体理由(当然也可以说理),然后由法官发表附有详细理由的意见。(3)禁止法官在讯问被告人或者询问证人时发表倾向性意见,法官在对陪审员作必要的解释和说明时,也应当保持客观中立,以免影响人民陪审员的独立听审和自由判断。

3. 关于人民陪审员的话语权问题

为改变当前我国的人民陪审员几无话语权的现状,笔者建议:(1)实行严格的匿名投票机制,并就定罪问题和量刑问题分开投票;应当场验票和计票,马上统计结果,按照多数决定结果;统计结束后相关票册应当立即销毁。(2)应当在判决书中明确载明人民陪审员对于定罪与否的意见,明确宣告人民陪审员对量刑轻重的意见。(3)强化说理制度。除了一般的说理之外,笔者强调一点,即职业法官对定罪持不同于多数人民陪审员的意见,且经审委会讨论决定后采纳职业法官意见的,应当详细说明理由。

CHAPTER 10 >>

第十章

通过司法技术的应用回应民意

尽管民意需要得到回应甚至必须得到回应,但是法律是一个专业性极强的系统,法律职业是一门高度自主的职业,法律和法律职业不应也不会为了回应民意而放弃法律之为法律、司法之为司法的基本特征,这乃是卢曼法社会学中程序封闭性的当然之义。因此,刑事诉讼即便吸纳民意,也一定是通过诉讼和司法特有的方式而不是政治的或社会的方式。这里诉讼和司法特有的方式,主要是指法学方法论,从法官的角度来讲就是司法技术。

一、通过司法技术回应刑案民意的必要性与可行性

对于司法技术,无论大陆法系还是英美法系之论者,抑或中国之学界,相关讨论均可谓源远流长,从民意的角度出发的讨论亦不少见,但

是关于为何一定要通过司法技术回应民意,其必要性和可行性如何,学界却讨论甚少。

(一)通过司法技术回应刑案民意的必要性

1.理论必要性

尽管民意有必要回应,但是通过什么方式回应,却并不是一个简单的问题。因为从法律的角度来讲,民意在司法中并无明确的地位。一方面,从证据法的角度来看,由于任何人证都需要负责主体(防止伪证),社会上不确定多数人的意见并不能成为证据。另一方面,从裁判依据来看,任何裁判都只能建立在法律的基础上,民意也不是当然地裁判依据。即便对法律作最宽泛的理解,法律也无法完全涵摄民意。实际上,“将健康的人民意见作为法律渊源之一”的做法,只见诸于希特勒当权时期的纳粹德国司法。〔1〕

之所以如此,是因为现代法治有着高度的“自成一体性”——法律系统作为社会系统的一个功能性子系统,必须是一个自主的系统。自主性不是法律系统期望实现的目标,而是其安身立命、命运攸关的必备属性。〔2〕 一个运作上自成一体的法律系统,立足于运作过程中的循环性自我参照,并将从外部社会环境中获取的大量信息,按照内在于规范体系的标准进行选择、复写和反馈。这种规范依据上的封闭性,既是系统维持自主性的要求,也是法律系统发挥调节功能的方式。相应地,法律应对生活世界之复杂性的独特策略或装置是:界定术语、指明规则,通过充分且必要的法律清

〔1〕 [德]英戈·穆勒:《恐怖的法官——纳粹时期的司法》,王勇译,中国政法大学出版社2000年版,第69页。

〔2〕 [德]卢曼:《法律的自我复制及其限制》,韩旭译,载《北大法律评论》(第2卷第2辑),法律出版社1999年版,第448页。

晰性和确定性,使现实生活中的众多法律问题被设定为“简单问题”,并将答案化约为“是或否、合法与非法”。“自成一体性”和“规范上封闭”意在强调法律是一个具有自我决定结构的系统,即“只有法律自身才能决定法律是什么”。[1]

在法律(包括司法)的高度“自成一体性”之下,判断某个行动或事件合法或非法的依据,只能是法律规范而非某种社会事实(包括公众意见),即便法律可以从道德或其他社会来源中沿用一些规范性主张,也必须经过明确的形式转换。因此民意作为一种法律规则之外的事实,要进入司法场域并发挥作用,就必须经过形式转换。而促成二者转换的,正是司法技术。一方面,通过证据的认证技术,可以将不确定的民意转化为确定的民意证据(当然需要前文所讨论的各种诉讼内民意表达机制的中介),从而将其纳入法庭;另一方面,可以通过法律方法将民意转化为可以为法律目的、精神和原则所涵摄的具体规则,从而间接将其纳入裁判依据之列。

2. 现实必要性

除了理论上必须通过司法技术转换形式从而确保民意能够进入司法场域,更为现实的是,中国当前的实践表明,不通过司法技术对民意进行转换,将会造成诸多问题,典型的有如下两种:

一种情形是,不诉诸司法技术而直接以政治手段解决民意案件,将会让法院承受巨大压力。以政治方式解决民意案件,过去在刑事司法实践中主要表现为案件一旦受到社会关注成为民意案件,特别是被媒体报道尤其是中央级别的媒体报道之后,案件当地

---

〔1〕 陈林林:《公众意见在裁判结构中的地位》,载《法学研究》2012 年第 1 期。

的政法系统立马会采取行动，政法委会向法院下达指示，法院一般都会很快按照政法委指示办事，几乎抛开法律，而且在判决中一般都不会有任何理由。以政治手段解决民意案件的危害，不仅在于破坏了司法的独立性，严重影响司法的权威性，还在于干扰了法院的系统性、制度化民意回应功能（见第九章），更在于一旦这种解决仍然得不到社会认可，法院作为明面上的责任者，将遭受来自当事人、社会、律师等法律人的巨大压力。

另一种情形是，不诉诸司法技术，容易造成争议性判决。比如在许霆案中，为迎合民意，对本应根据法理进行专业分析判断进而寻找和适用法律的案件，法官最终以民意中的一般社会公众的常识性判断为根据寻找和适用法律，导致裁判呈现很大的任意性。从自动取款机中秘密取走不属于自己的钱款这一行为是否构成犯罪？如果构成犯罪，那么构成的是什么罪？这是一个涉及法律解释、考问刑法条文是否具有合理性的问题。对于如此高度专业性的法理问题，一般社会公众是难以讨论的。可是，对此案形成的汹涌的民意大潮使本案判决陡然从一审的无期徒刑降为二审的5年有期徒刑，[1]有人对此批评说："按照现行刑法，即使许霆没有与柜员机打交道，法院坚持认定许霆构成盗窃罪，在没有任何法定从轻情节的情况下，许霆也要被判至少10年，现在被判5年，公平何在？公平作为法治核心价值的法理何存？"[2]这种突然的、缺乏技术含量的改变，无疑是许霆案改判之后仍然陷入争议的重要原因。

---

〔1〕 于晓青：《司法裁判中的法理与民意》，载《法商研究》2012年第5期。

〔2〕 陈勇儒：《许霆案轻判恐令最高院很为难》，载腾讯网：http://view.news.qq.com/a/20080402/000003.htm，最后访问日期：2015年8月12日。

（二）通过司法技术回应刑案民意的可行性

1. 司法技术性工具的多样性

如前文所述，刑事案件中的民意具有多样性和难以把握的特点，这使得其远非某一种程序技术可以把握和应对。幸运的是，刑事法官的工具箱中可用的司法技术相当丰富：

一方面，对于证据认定而言，法律和司法解释规定了较多的审查认定的方法。其一，对于证据资格问题，允许法官在有利于被告之量刑证据的采纳上采用不同于定罪的宽松标准，这为民意性证据进入法庭提供了可能。其二，对于证据的证明力而言，实体法和程序法事实上赋予了法官充分的自由裁量权和裁量空间，这为法官在量刑中吸纳民意创造了最主要的前提。其三，在证据的出示和质证过程中，法官还可以充分应用其庭审指挥权、庭审调查权等权力技术，有针对性地问询和核实，从而有助于甄别民意证据的合理性和正当性。

另一方面，对于法律适用而言，法官拥有更多的司法技术。其一，法官享有对法律的解释权，在不同情形下，其可以采取文法解释、逻辑解释、历史解释、目的解释、系统解释等不同的解释方法，并可以根据具体个案，作字面解释、限制解释或扩充解释。其二，法官可以在法律适用中采取各种推理方法，包括分析推理的方法（针对常规案件），如演绎推理、归纳推理和类推推理，其中演绎推理最为常用；还包括辩证推理的方法，主要针对具体规则缺失、规则冲突等情形。此外，对于需要创制规范的情形，法官还可以采取价值判断的方法，结合法的基本价值特别是宪法的基本价值、基本原则创制规则。

2. 司法技术应用的灵活性和建构性

无论是针对证据的规则和技术，还是针对法律适用的规则和技术，虽然有诸多的限制，但是在这一庞杂的工具箱中，法官在选择何种工具适用于个案上，仍具有相当的灵活性。不仅如此，由于这种灵活性，以及法官在其中的能动性，又进一步促成了这种司法技术应用的建构性。正是这种灵活性和建构性，为民意的回应提供了可能。

一方面，司法技术应用具有灵活性。从证据审查认定的角度来看，这种灵活性主要是由程序法上相较定罪而言较为宽松的量刑证据的证据能力规则和较低的证明标准决定的，同时也是由实体法上较大的刑罚幅度所赋予的裁量权决定的。因为存在宽松的证据能力规则、较低的证明标准以及较大的量刑裁量权，在证据审查认定过程中，法官司法权力的行使即有着相当的灵活空间。从法律适用的角度来讲，由于工具箱中的工具琳琅满目，法官究竟采用何种法律解释的方法，是采用分析推理还是辩证推理，是否适用价值判断，某种程度上仅受法官职业素养、职业道德和良心影响，因此其灵活性可谓毋庸赘言。

另一方面，司法技术应用具有建构性。司法技术应用的建构性是由法律（包括证据规则）解释的建构性决定的。自从法律现实主义者们揭示了司法实践的真实面目之后，法官的自动售货机形象已经几乎荡然无存，当下已经很少有人会相信，司法判决不过是一些演绎前提的逻辑结果，即使如德沃金那样推崇所谓“唯一正确”的学者也不得不承认，司法判决毕竟是一个建构性解释的产物。[1] 而这种建构性的根源,则在于伽达默尔所言"前见"的不可避免性——一切理解必然包含某种"前见",以及因此对他人见解保持开放的态度所导致的"视域融合"。[2] 国外的法律发展历史特别是宪法发展历史都表明,司法技术的这种建构性特征不仅不可避免而且影响深远。

二、通过司法技术回应刑案民意的方式

前文分析表明,司法不能因为要回应民意而丧失司法的本性特征,而量刑证据的差异化标准、法律解释、法律推理、法庭指挥等司法技术则为法官周旋于民意与法律自治之间提供了工具。那么具体来讲,又如何通过这些工具来回应民意呢?在笔者看来,主要有以下几种。

(一)在庭审过程中通过法庭仪式、庭审指挥等程序技术回应刑案民意

对于庭审程序如何有助于回应民意,学界目前的讨论主要集中于诉讼程序在促进判决的可接受性这一程序性功能上,而对法官这一主体如何应用司法技术回应民意则讨论较少。笔者认为,在庭审过程中法官至少可以通过以下司法技术回应民意。

1. 通过法庭威仪回应刑案民意

法庭的威仪主要通过法庭布置、法袍穿着、法槌使用以及法官

---

〔1〕 陈坤:《法律、语言与司法判决的确定性》,载《法制与社会发展》2010 年第 4 期。

〔2〕 [德]伽达默尔:《真理与方法》(上卷),洪汉鼎译,上海译文出版社 1999 年版,第 345 页。

入场仪式来实现。法庭的布置通常不是法官所能左右的,因此难以纳入司法技术的范畴。但是穿着法袍、敲打法槌以及法官入场仪式,则属于法官可以控制的事物和行为。通常来讲,法官着法袍、用法槌,以及法官入场全体起立等,都在向人们传递着一种讯息,即法官尊严和司法尊严,法官的威严和司法的神圣。[1]

在这些仪式性的行为之下,法庭之外喧嚣的民意将会遭遇一种理性力量、威严氛围乃至卡里斯马的感染和洗礼,旁听的群众、记者,边席的被害人、律师,受审的被告人,都将随着法官入庭仪式而时空转换,随着法槌声响而进入司法场域,自觉不自觉地遵守法庭秩序,按照法律的逻辑思考问题。这种场域的转换,无疑有助于摒除民意中的某些非理性乃至“无法无天”的成分。

2. 通过庭审指挥回应刑案民意

法官的法庭指挥直接关系到庭审的节奏和当事人权利的充分行使,因此非常重要。从民意回应的角度来讲,法官在庭审控制中的所言所行,直接关系到民意证据的出示,关系到某些情感的抒发,关系到旁听群众、家属、记者以及参加庭审的律师、被告人、被害人的观感,因此必须慎重指挥、谨慎言行,尤其应当注重采用有利于倾听民意、理解民情的指挥技术和控制方式。

具体而言,在笔者看来,法官至少可以通过以下方面的以恰当的庭审指挥回应民意。第一,庭审指挥要中立而不偏袒。不宜有偏向性指挥,尽量避免帮检察官说话式的法庭指挥,更不要过于频繁的打断被告人及其律师的发言。第二,要尽量宽容。允许与民意相关的证据出示,哪怕实际上与案件没有法律上的联系;允许被

---

〔1〕 贺卫方:《司法仪式给法律人以尊严和荣耀》,载爱思想贺卫方专栏:http://www.aisixiang.com/data/69642.html,最后访问日期:2016 年 8 月 11 日。

告人、被害人适当的感情发言而不是随意禁止甚至呵斥被告人。第三,要发挥法官的释明作用。对回避、时效、管辖以及辩护、陈述等用语,应加以通俗说明;对法定、酌定情节加以告知和说明;对于改变罪名的,更应当详细的加以解释等。第四,要在证据出示、质证以及首轮(或次轮)辩论结束后,对控辩双方的证据争议焦点、辩论焦点进行总结,尤其要有意识地引导双方针对民意证据和民意辩论意见进行辩论,从而让旁听的民众、家属等清楚民意证据的价值及其局限性。第五,要注意形象。合议庭成员要聚精会神、集中精力注意听审,要尽可能平静、柔和而不失威严,不宜喜怒于色,更不要明显表现出个人对被告人的好恶。

(二)在法律适用中应用法律解释、自由裁量以及法官造法吸纳正当民意

如果说法庭程序通过仪式化的庭审安排,有助于增强司法过程和结果的可接受性的话,那么法律适用的过程,则在实质上关乎民意的吸纳。在法律适用过程中,法官应当充分发挥法律解释权和裁量权,应用法律方法鉴别和吸纳民意。

1. 采用法律解释技术鉴别民意

在法治社会中,判断个案判决之正当性的首要标准是裁判规范性依据的合法性,所以各国宪法和法官法都会规定“法官独立,并仅服从法律”之类的司法准则。[1] 在这种情形下,通过法律解释获得灵活性就至关重要。对于民意而言,只有正当的民意才应被吸纳,而民意正当与否,在法律上只能通过法律解释尤其是宪法

---

〔1〕 陈林林:《公众意见在裁判结构中的地位》,载《法学研究》2012 年第 1 期。

解释来识别。因为，一方面，法律的解释技术，包括体系解释、目的解释、历史解释等，最有可能将一般的民意希望表达的意思包括在内，从而实现法律对民意的涵摄；另一方面，对宪法的解释，尤其是宪法原则、宪法精神的解释，则最有可能将超出一般法律规则但又具有正当性和合理性的民意涵摄进来，从而实现对超常规民意的法律覆盖。换言之，如果法官通过法律解释尤其是宪法解释仍然无法为民意找到法律依据，那么这样的民意的正当性可能就成问题，而不会得到回应。

因此对于法官而言，关键就在于应用法律解释的技术，如目的解释、体系解释、历史解释等，采用扩大解释或限缩解释的方法，将现有的法律甚至宪法与民意所表达的意见关联起来，从中找出可能存在的交叠之处并加以阐释，进而鉴别出正当与不正当的民意，最终决定是否吸纳以及如何吸纳。这个过程既是对一般社会公众情感和意见的体谅，也是对当事人尤其是被告人权利的维护，更是对已经凝固于法律之中的多数民意的尊重。

2. 应用裁量技术吸纳正当民意

民意应当如何吸纳，不能等量齐观，而应视情形而定。一种情形是，当民意能够被涵摄进现行法律标准之内时，法官需要采取的就是充分应用裁量权吸纳民意。另一种情形是，当民意不能被涵摄进现行法律标准之内，而需要借助宪法原则或宪法精神等进行解释时，法官需要采取某种程度的“法官造法”。这里要说的是第一种情形。

在民意能够被涵摄进现行法律标准之内的情形下，法官需要在法定范围内作出裁量。在刑事司法中，这种裁量一般体现为刑罚裁量，但也可能涉及罪名的选择裁量问题。在刑罚裁量中，法官只需要根据合理民意的需求在裁量幅度之内选择一个刑罚即可，这种选择甚至不用说明理由——当然能够说明理由则最好,这是真正的"自由"裁量。但是在有关罪名的选择裁量上,情况会略微复杂。当出现罪名选择时,意味着被告确实实施了犯罪行为,因此有罪是确定无疑的,但是在法律评价上究竟构成什么犯罪,存在很大的模糊空间(如危险驾驶行为的定性、斗殴的定性等)。这种情形下如果存在合理的民意,法官也可以在罪名之间进行裁量。当然,对于罪名的裁量,一般应当说明理由,并且应当遵循有利于被告的原则。所以只有当民意有利于被告时,这种民意才能被裁量吸纳。

3. 在"法官造法"中回应民意

虽然实践中大部分的民意都属于前述民意能够被涵摄进现行法律标准之内的情形,但是也存在一些少量案件,民意与一般法律标准相距甚远,法官最多可以从宪法原则或精神中找到吸纳民意的依据。在这种情形下,按照我国现行法律的规定,法院法官在刑事司法中不宜直接援引宪法进行判决,[1]如此则法官将遭遇两难:吸纳民意没有依据,不吸纳民意判决的正当性又会遭受质疑。

在笔者看来,解决这个问题的办法还在于所谓的"法官造法"技术。众所周知,立法存在滞后性和局限性,因此立法中存在一些"漏洞"或者"空白"也是正常的。法律漏洞或空白的存在,既给法

---

〔1〕《最高人民法院关于在刑事判决中不宜援引宪法作论罪科刑的依据的复函》(1955年7月30日,已废止)。该函内容如下:"新疆省高级人民法院:你院(55)刑二字第336号报告收悉。中华人民共和国宪法是我国国家的根本法,也是一切法律的'母法'。刘少奇委员长在关于中华人民共和国宪法草案的报告中指出:'它在我国国家生活的最重要的问题上,规定了什么样的事是合法的,或者是法定必须执行的,又规定了什么样的事是非法的,必须禁止的。'对刑事方面,它并不规定如何论罪科刑的问题,据此,我们同意你院的意见,在刑事判决中,宪法不宜引为论罪科刑的依据。"

官司法带来了困难,也为法官造法提供了机会。这就需要法官发挥自己的主观能动性和自由裁量权,结合具体案件的具体情况发现法的规律、实现法的精神、维护社会生活中的公平与正义,这就是法官造法。[1] 法官造法当然不是凭空捏造,而是有其外部支撑。支撑法官造法的社会性主张一般包括三类:道德规范主张、政策主张和习惯主张。中国法官在遇到前述民意案件处理的两难时,可以将民意与这三种主张结合起来,从而为民意案件的解决找到突破口,并事实上创制新的规则(或指导性案例)。

当然,“法官造法”不是毫无限制的。一方面,法官通过法律创制回应民意,虽然可以突破现行法律规则,但是不能突破宪法原则和基本精神,这是底限要求;另一方面,只有高级别法院的法官才可如此行事,且以省级法院、最高人民法院在各自权限内造法为最佳。

(三)在判决中通过说理回应刑案民意

前述法律适用过程中的民意吸纳过程,法官之外的当事人和社会公众是无法看见的。真正让当事人和公众有即视感的,主要是判决及其理由。从某种程度上讲,司法是否成功回应民意,关键在此。在这个意义上,判决书说理无论如何强调都是不过分的。那么如何通过判决书说理呢?对此,学界虽然对判决书说理早已论证并强烈呼吁多年,但是面对民意如何说理,理论上尚未特别留意。笔者认为,至少要注意以下几个方面:

1. 要注意面对民意时不能说什么

面对民意,目前判决实务中存在两种普遍做法:一种做法是在

---

〔1〕 何家弘:《论法官造法》,载《法学家》2003年第5期。

判决时只字不提与民意相关的内容，不作任何论证，“闷声下判决”，或者仅以“不予采纳”一句话带过；另一种做法是在判决书中直接援引民意，如“民愤极大”“影响极坏”等，将民意作为下判的直接依据。笔者认为，这两种做法都是应当避免的。一方面，民意作为一种诉求，无论是否合理正当，都应当得到回应，因为“有求必应”乃是现代民主政治的基本原则，虽然并不是“有求必答应”，但至少要有“反应”；面对民意毫无反应故作镇定，只会激怒民意，引起对抗。另一方面，民意作为一种诉求，既不是法律，在许多情况下也不直接是证据，直接援引“民愤极大”这类概括性民意，有违“以事实为依据、以法律为准绳”的基本原则，破坏法律和司法的规范封闭性，必然遭到学者、律师的抨击。

2. 应当以证据和法理阐释方式说理

在必须说理又不能直接援引民意作为裁判依据的背景下，法官宜采以下方式回应民意：首先，对于事实依据，法官应当对民意证据进行罗列和分析，说明其可采性与证明力，并说明其对量刑的影响度。考虑到民意证据基本属于量刑证据，法官还应当适当解释量刑证据特有的证据资格规则和证明标准等内容。其次，对于法律依据，法官应当说明民意案件裁判适用的法律依据，尤其应当说明选择该依据（而不是其他依据）的理由以及按照该依据作出判决的推理性过程理由。再次，法官还应当针对当事人的主张一一说理，尤其是与民意有关的内容，不应一句话带过，而应有针对性地评析、驳斥或者吸纳。最后，法官可以在说理过程中适当阐述法律目的、法律精神和法律原则，但要紧密结合个案裁判的具体依据和具体证据展开，不可空洞无物。

3. 推广判后语的做法

对于中国法官在个案中创制规则，目前法律上尚无明确依据，且在事实上受到诸多限制。这无疑不利于民意的回应。我国目前的制度不允许合议庭公开少数意见，判决书的写作更多是标准化而不鼓励个人化和特色化。在此背景下，作为权宜之计，笔者认为，可以推广一些法院尝试过的判决书后附判后语做法，鼓励法官对案件涉及的民情民意发表看法，尤其对于民情民意的考虑过程，对民愤、民怜的体悟等，相关表述可适当发挥并略带感情色彩。

三、通过司法技术回应刑案民意的条件及其制度保障

尽管法官可以通过司法技术比较巧妙地周旋于司法的自治性和民意的压力之间，但是这一切并非毫无条件。实际上，只有当法官本身是有良知和职业道德的人，并拥有渊博的知识、丰富的经验乃至圆润的修辞技术，民意才可能真正被润物细无声般地吸纳和回应，而这些又取决于一系列的制度性保障。

（一）通过司法技术回应刑案民意的条件

1. 良心和职业道德

法官的良心和职业道德是法官通过司法技术回应民意的主体条件。一方面，现代法治归根结底应该是人性之治、良心之治。我国学者陈忠林指出，我们的法律是人民的法律，绝不应该对其作出根本背离老百姓所共同认可的常识、常理、常情的解释；我们人民法院定罪量刑的过程，应该是一个和人民群众，包括刑事被告人，将心比心，以心换心的过程。[1] 这里的“将心比心，以心换心”，对于法官而言比的就是良心，换的也是良心。在某种意义上，这里

---

〔1〕 陈忠林：《刑法散得集》，法律出版社2003年版，第37页。

的良心也可以等同于斯密的“同情”。[1] 在笔者看来，只有当法官是一个富有良心的人，是一个富有同情心的人，他（她）才可能在专业性的法律适用过程中，在外行看不懂的司法技术应用中考虑常识、常理和常情。

另一方面，仅靠内在的良心或同情心约束是不够的，还需要外在的职业道德约束。法官职业道德是法官在行使审判权、履行审判职能的过程中或者从事与之相关的活动时应当遵守的行为规范。其目的在于保证法官正确履行法律赋予的职责，其核心是公正、廉洁、为民，其基本要求是忠诚司法事业、保证司法公正、确保司法廉洁、坚持司法为民和维护司法形象。[2] 只有当法官具备基本的职业道德，其滥权的可能性才会大大降低，也才可能追求更具积极意义的“社会效果”，司法技术也才可能成为成就善意和美德的助推器，而不至于异化为私利或邪恶的帮凶。

2. 渊博的知识与丰富的专业和社会经验

毫无疑问，仅有良心和职业道德几乎办不了任何事情，法官必须得有足够的专业知识以及丰富的经验，才可能真正地回应民意。

首先，法官得有足够的专业知识和专业经验。这不仅因为在现代社会中，法律已经成为一种专门职业或技艺，“一个人只有经过长期的学习和实践，才能获得对它的认知”，[3]没有足够的专业

---

〔1〕 亚当·斯密在其著作《道德情操论》开篇就对其理论中同情的含义做了阐释，认为同情乃是任何在理解基础上的同感与共鸣，从而将同情与良心关联起来。参见[英]亚当·斯密：《道德情操论》，蒋自强等译，商务印书馆1997年版，第6~7页。

〔2〕 李永升：《关于法官如何吸纳和体现民意的思考》，载《政治与法律》2012年第10期。

〔3〕 [美]爱德华·考文：《美国宪法的“高级法”背景》，强世功译，三联书店1997年版，第33~35页。

知识和专业经验，法官可能在审判过程中寸步难行；也因为社会公正需要专业裁判，随着现代社会的高度分化和专业化，尤其是律师职业的兴起，法官只有具备足够的专业知识和专业经验，才可能应付律师，也才可能确保严格执法、公正裁判。就民意回应而言，只有具有足够的专业知识和经验，才能有效识别和体认哪些是已有法律能够涵盖的民意，哪些是已有法律难以回应的民意，也才能由此采取不同的程序技术予以回应。

其次，法官还应当拥有丰富的生活知识和经验。这是因为，中国民众对实质正义的根深蒂固的关注，中国迅速转型造就的乡土社会与城市文明、传统文明与现代文明并存，以及中国的多民族、多地域文化特征，都需要法官具有丰富的生活知识和社会经验，尤其是"地方性"的知识和经验。很难设想一个生活"超然于社会"的法官会作出一个理解民意、同情弱者、回应社会需求的判决。正如左卫民教授曾说的，"虽然人们对实质正义、对法官深入生活有很多意见，但是，我们想表明的一点是，如果社会只剩下了法律，这对法官、对我们每一个人来说，都是一种深深的悲哀"。[1]

最后，法官还应当拥有渊博的其他各种知识。这是因为民意案件往往牵扯到政治、经济、社会、科技乃至文化的各个方面，法官只有具备或者哪怕知道一点点相关领域的知识，才能作出更好的回应。对此，美国法官汉德曾说："对一名被要求审核一个有关宪法的问题的法官来说，他除了要熟悉关于这个问题的专著，还需懂得一点阿克顿和梅特兰、修昔底德、吉本和卡莱尔、荷马、但丁、莎士比亚和弥尔顿、马基雅弗利、蒙田、拉伯雷、柏拉图、培根、休谟和康德。因为在这些知识中，每一种都会有助于解决摆在他面前的

---

〔1〕 左卫民、谢鸿飞：《论法官的知识》，载《政治与法律》2003年第4期。

问题。"[1]中国的法官虽然几乎不审核有关宪法的问题,但可以肯定的是,裁决一般性的法律问题对知识多元化的要求,并不比审核宪法问题低很多。

3. 语言修辞技术

正如学者指出的,法官通过司法技术的应用回应民意始终是有限度的,因为一方面,作为专业的、理性的知识,其不同于日常的生活概念,不一定都能为公众所接受;另一方面,各方当事人之间利益的冲突和不可调和,法官在运用法理对个案进行价值判断和选择时,往往因其个人在人性论、历史观、价值观甚至方法论等方面的不同而不同,甚至可能将意识形态内容带入司法裁判,导致司法不平等、不统一,从而影响正当民意的实现。[2]

在此情形下,法官必须柔化法律,令其可被接受。[3] 而修辞技术正是柔化法律的最重要方法。通过修辞技术,专业知识被易于社会公众接受的概念和语言所表达,民意被修辞化的语言所引入、强调乃至赋予某种语言上的重要性,法官的说理语言平实、冷静而有针对性,这些都将拉近法理与常理之间的距离,并将法官应用司法技术所带入的主观性和争议性内容转化为某种修辞意义上的确定性和客观性,从而使判决看起来自然、圆润、贴近生活而可

〔1〕 [美]亨利·J. 亚伯拉罕:《法官与总统:一部任命最高法院法官的政治史》,刘泰星译,商务印书馆1990年版,第42页。某种程度上甚至可以说,汉德大法官对法官的要求在现代看来仍显不够,因为现代科学技术的发达,使得只是懂得"一点阿克顿和梅特兰、修昔底德、吉本和卡莱尔、荷马、但丁、莎士比亚和弥尔顿、马基雅弗利、蒙田、拉伯雷、柏拉图、培根、休谟和康德"很难理解和回应高科技犯罪。

〔2〕 于晓青:《司法裁判中的法理与民意》,载《法商研究》2012年第5期。

〔3〕 [比]佩雷尔曼:《法律与修辞学》,朱庆育译,载《法律方法》2003年第2卷。

以被接受。

（二）通过司法技术回应刑案民意所需条件的制度保障

尽管法官通过司法技术回应民意所需要的上述条件非常重要，但是这些条件并不容易满足。实际上，某些条件甚至显得难以衡量，比如良心。不过，经由20世纪90年代以来的司法职业化、法官专业化改革，以及进入21世纪以来的职业道德制度建设，中国法官在专业知识和职业道德上均有非常大的进步。然而从民意回应的角度来讲，仍然需要进一步的制度努力，笔者认为以下几个方面在当前显得尤为重要：

1. 法官物质保障应当增强

前文已经指出，通过司法技术回应民意的前提是法官要有良心、有职业道德、有知识、有文化还要懂得语言艺术，否则司法技术就可能是“歪和尚念经”。如果单看这些条件，我们一定会认为这至少是一群衣食无忧的人才可能具有的德行和雅趣。那么中国的法官是不是衣食无忧呢？自党的十八大以来，司法改革可谓动作不断，但从当前法官职业群体的反映和行动来看，情形并不乐观：法官职业群体怨声四起，法官纷纷转行到政府部门或者辞职当律师。[1] 与此同时，改革方案中设想的从资深律师、法学专家中选法官，更是应者寥寥。

---

〔1〕 近年来我国法官流失现象日益突出。据媒体公开披露的数据显示，全国大部分地区都存在不同程度的法官流失。更为严重的是，在中央推出一系列司法改革举措之后，法官流失现象在部分地区不但没有减少，反而呈现不断加剧之势，且在大城市和经济发达地区尤为明显。日益严峻的法官流失尤其是优秀法官流失对我国法官队伍和法院办案带来很大冲击，造成部分地区一线办案法官紧缺，案多人少矛盾突出，审判质量和审判效果随之受到不良影响，并给正在推进的司法改革带来现实挑战。

何以如此？在笔者看来，一个非常重要的原因就是物质保障太差，法官难以维持体面的生活状态。笔者认为，在提高法官选拔条件、抬高法官年龄门槛的同时，应当大幅提高法官的物质保障。"饱暖思淫欲"是封建帝王的愚民、驭民之念，从西方国家的实践来看，体面而有尊严的生活所带来的不仅是个人的愉悦，更是公民精神、奉献精神、公益精神的兴起。换言之，饱暖更可能思想高尚。对于法官而言，只有在物质上给予充分的保障，其良心才有安稳依附的基础，其精力才会用于广泛的知识涉猎，也才有心思精修法律和把玩语言修辞，而外在的职业道德约束才不会成为规避的对象。〔1〕

2. 法官来源宜多样化

学界较多关注的是法官的选拔问题，笔者认为法官的选拔当然重要，但是从民意回应的角度来讲，法官要回应社会和民意，法官的来源多样化十分重要。正如英国戈德林勋爵大法官所言："虽然司法权独立于议会和行政机关，但法官不应当游离于社会之外，因为司法就是在对社会中形形色色的问题作出裁判。一个法院越能回应社会的多样需求，则越能增强其公信力，而恰恰通过提高法官来源多样性能更好地做到回应社会的多样需求。因此，法官来源多样性的重要性不言而喻。"〔2〕对此，美国最高法院大法官索尼娅·索托马约尔也认为，"……法律职业人员缺乏在种族、

---

〔1〕 上海已经开了个比较好的头（至少在待遇上），据报道，上海改革后法官、检察官收入将高于普通公务员43%。参见郝洪、黄庆畅：《上海在全市全面推开司法体制改革试点，法官检察官收入高于普通公务员43%》，载人民网：http://legal.people.com.cn/n/2015/0424/c42510-26895843.html，最后访问日期：2017年2月7日。

〔2〕［英］戈德林勋爵大法官：《提高法官来源的多样性》，林娜译，载《人民法院报》2012年9月21日，第7版。

性别、背景等方面的多样性，这对于美国司法体系来说是一个‘巨大的危险’。相反，增加美国法官、律师及其他法律职业从业者来源及构成的多样性，将促进公众对司法系统的信任”。[1]

从目前法官法的规定来看，对于法官的来源并无明确规定，理论上只要通过司法考试和公务员考试，就有机会当法官。从当前实践来看，法官的来源较为单一，主要是法科学生，而他们尚未完成社会化并在身份、经验上多元化。笔者建议，为了增强法官来源的多样化，应当从以下方面努力：其一，采取切实可行的办法，吸引律师当法官。律师群体已经高度社会化和多元化，如能从律师中招募法官，则善莫大焉。其二，在低级别的法院，特别是人民法庭，完全可以借鉴国外治安法官的做法，吸引地方精英（特别是文化精英）担任人民陪审员或法官，如担任法官，专业上的条件可以适当放宽。其三，高级别法院的法官，不宜直接从法科毕业生中招录，而应主要从低级别法院的法官和执业经验丰富的律师、法学专家中选拔。

3. 法官年龄门槛应适度提高

法官的年龄问题看似枝节，但从民意回应的角度来讲，实则事关重大。在西方，法官为德高望重之人已固化为一种观念。西方有法律谚云：法官是老的好，律师是少的俏。[2] 法官的服饰行头中甚至有一顶马鬃制的白色假发，目的就是要营造一种年长化的

---

〔1〕 记者吴琼：《美国最高法院大法官索托马约尔：应推动法官队伍构成日趋多元化》，载法制网：http://www.legaldaily.com.cn/bm/content/2013-11/26/content_5059285.htm?node=20739，最后访问日期：2017年2月10日。

〔2〕 与此相关的一个新近的有趣事例发生在捷克。据《光明日报》2005年3月22日报道，捷克法律规定，任命法官必须经总统批准。之前一周捷克司法部提交的55名法官候选人中，32人没有通过总统任命，原因只有一个：年龄不到30岁。克劳斯总统的理由很简单，30岁以下的候选人缺乏足够的社会阅历和经验。

效果，使当事人相信法官是经验丰富、明智而不惑的。[1] 在中国的戏曲小说中，德高望重的法官（县官）也多为中年（注意古代成年较现代人早）以上，而很少有所谓青年俊才。这主要是因为书本教育所得知识并不足以解决法律实践中的问题，认定、分析案件事实，察觉当事人某些端倪，体察民情民意等，均需多年甚至数十年的诉讼实践才能培育出来。

当下中国的法官群体年龄普遍相当年轻，除了法官法本身对法官任职年龄要求很低外，[2] 主要与法官的专业化和干部的年轻化运动相关。然而年轻人相对于年长者更容易冲动、更易于偏颇，更难以做到保守、平和、冷静和持中。这在民意回应方面的后果，从小的方面来讲，可能气场不够，在民众面前“镇不住场子”，难以有威严和威信（这对民意回应而言其实相当重要）；从大的方面来讲，社会化程度不够，经验不足，对民意的复杂性体察、认知能力有限，难以真正有效地把握民意和回应民意。有鉴于此，笔者认为非常有必要提高我国法官的年龄门槛，比如担任基层法院的法官至少需要在 30 岁以上，而担任上诉法院以及更高级别法院的法官，则需要一定时间的基层工作经验或法律实务经验，中级人民法院的审判法官原则上要在 35 岁以上，高级人民法院和最高人民法院原则上应在 40 岁以上。当然，对法官年龄的要求与其说是一种目的，不如说是一种手段，主要是通过对法官选任年龄的界定拉动对学历、经验、品德、学识、业绩的综合考察。[3]

---

〔1〕 刘忠：《关于法官的选任年龄》，载《比较法研究》2003 年第 3 期。

〔2〕 《法官法》第 9 条规定：“担任法官必须具备下列条件：（一）具有中华人民共和国国籍；（二）年满二十三岁……”

〔3〕 刘忠：《关于法官的选任年龄》，载《比较法研究》2003 年第 3 期。

图书在版编目(CIP)数据

刑案民意的诉讼内表达与回应研究 / 肖仕卫著. --
北京 : 法律出版社, 2018
ISBN 978-7-5197-2528-0

Ⅰ. ①刑… Ⅱ. ①肖… Ⅲ. ①刑事诉讼-研究 Ⅳ.
①D915.304

中国版本图书馆CIP数据核字(2018)第172897号

刑案民意的诉讼内表达与回应研究
XING'AN MINYI DE SUSONGNEI BIAODA YU HUIYING YANJIU

肖仕卫 著

策划编辑 聂 颖
责任编辑 聂 颖
装帧设计 贾丹丹

出版 法律出版社
总发行 中国法律图书有限公司
经销 新华书店
印刷 北京虎彩文化传播有限公司
责任印制 胡晓雅

编辑统筹 法律应用·大众读物第一出版分社
开本 A5
印张 7.375
字数 206千
版本 2018年7月第1版
印次 2018年7月第1次印刷

法律出版社/北京市丰台区莲花池西里7号(100073)
网址/www.lawpress.com.cn
投稿邮箱/info@lawpress.com.cn
举报维权邮箱/jbwq@lawpress.com.cn
销售热线/010-63939792
咨询电话/010-63939796

中国法律图书有限公司/北京市丰台区莲花池西里7号(100073)
全国各地中法图分、子公司销售电话:
统一销售客服/400-660-6393
第一法律书店/010-63939781/9782 西安分公司/029-85330678 重庆分公司/023-67453036
上海分公司/021-62071639/1636 深圳分公司/0755-83072995

书号:ISBN 978-7-5197-2528-0 **定价:**39.00元